국민의힘당으로는 안 된다

4.15총선 평가와 22년 대선 전망

국민의힘으로는 안.된.다

4.15총선 평가와 22년 대선 전망

2021년 1월 29일 초판 1쇄 펴냄
저자 / 김대호
펴낸이/ 길도형
편집/ 이현수
펴낸곳/ 타임라인
출판등록 제406- 2016- 000076호
주소/ 경기도 고양시 일산서구 덕산로 250
전화/ 031- 923- 8668 팩스/ 031- 923- 8669
E- mail/ jhanulso@hanmail.net

ISBN 978-89-94627-88-5 03340

국민의힘으로는
안. 된. 다

4.15총선 평가와
22년 대선 전망

김대호

타임라인

서문

돌아보니 나는 거쳐 온 곳마다 손대는 일마다 그에 대한 책을 썼다. 20대 청춘을 오롯이 바친 학생운동과 노동운동에 대한 성찰은 『한 386의 사상혁명』(2004)에 담았고, 대우자동차 근무 9년의 연구 고민은 『대우자동차 하나 못 살리는 나라』(2001)에 담았다. 2006년 '사회디자인연구소'를 통해 본격적으로 시작한 정치와 정당, 이념과 정책에 대한 연구 고민은 『진보와 보수를 넘어』(2007), 『노무현 이후-새 시대 플랫폼은 무엇인가』(2009), 『2013년 이후』(2011), 『제7공화국이 온다』(2020) 시리즈 2권에 담았다. 지방선거와 지방자치단체의 정책, 사업 관련 연구 고민은 『새우가 고래를 이기는 매니페스토-영혼이 있는 선거전략』(김대호, 정창교 공저, 2010), 『간절하게 당당하게』(강운태, 김대호 공저, 2014)에 담았다. 2011년부터 대한민국의 정치경제 체제는 '청년에게 최악의 체제'라고 주장을 하다 보니, 『결혼불능세대』(2012, 김대호, 윤범기 공저)라는 대담집도 내게 되었다. 책으로 출간하지는 않았지만 건강보험, 도서관 등에 대하여 책 수준의 용역 리포트도 몇 권 썼다. 인터넷 서점(알라딘)을 통해 저자의 저작 목록을 보니 14권이 뜨는데, 빠진 책도 몇 권 있다.

이렇듯 내가 거쳐 온 곳과 한 일에 대해 꽤 치열하게 성찰하고 연구 고민한 셈이다. 저 책들 중에 학위 획득용 학술논문은 단 하나도 없다. 나는 여전히 서울공대 금속공학 학사(1990)가 최종 학력이다. 저 책들은 하나같이 혁명, 혁신, 개혁, 변혁 운동 등으로 불리었던 실천 활동의 산물이다. 책으로 펴낼 정도의 연구 고민을 하면서 실천 활동까지 같이 하게 되면, 아무래도 다른 사람보다 번뇌가 더 많을 수밖에 없다. 글을 쓰는 이상 그 일에 대해 '왜' '어떻게' '누가' 등을 더 치열하게 고민할 수밖에 없고, 실천 활동을 한 이상 실패와 좌절에 대해서는 더 깊게 성찰과 반성을 할 수밖에 없기 때문이다. 그런 점에서 사는 대로 생각하지 않고, 생각하는 대로 살았다는 것 하나는 자부할 수 있다. 대한민국이 어디쯤 있고, 어디로 가야 할지가 평생을 관통하는 화두였다고 할 수 있다.

저 책들 치고 애초부터 작정하고 쓴 책은 없다. 그 일에 대해 연구 고민하면서, 짧은 글을 많이 쓰다 보니 그것이 차츰 쌓여서 생각의 양질 전화를 일으켰다고나 할까? 많이 연구 고민한 사람 내지 많이 아는 사람의 사회적 책임 이행(사회 봉사) 차원에서 잘 팔리지도 않는 책을 쓰게 되었다.

항상 한두 달 길어야 몇 개월이라 생각하고 가벼운 마음으로 시작했다가 엄청난 곤혹을 치렀다. 책 치고 순산한 책은 단 한 권도 없다. 예외없이 난산이었다. '7공화국' 시리즈는 무려 6년이 걸렸다.

『국민의힘당으로는 안 된다』와 『자유대연합당이 온다』는 2020년에 내가 겪은 아픔과 아픈 만큼 깊어진 상찰을 녹여 넣었다. 나는 4.15총선 기간에 비전과 전략이 부실한 김종인, 황교안의 도덕성·품격 과시에 의한 판세 반전 전략에 따라, 헌정사상 처음으로 투표일 하루 전에 제명을 당하여 후보 등록이 취소되었다. 그 후 선거 참패의 책임이 큰 김종인이 다수 의원들의 동의를 받아 비대위원장으로 추대되는 과정을 보면서, 여전히 새로운 비전은 뒷전에 두고 경제민주화, 기본소득, 5.18 등 진보의 역사 인식과 가치 정책을 수용하는 것을 중도화의 요체로 생각하는 것을 보면서, 또 총선백서(2020. 8. 13)와 개정 정강정책(2020. 9. 2)을 보면서 정치와 정당의 혼, 이념, 비전, 리더십, 당원, 정신문화 등에 대해 깊은 고민을 하게 되었다. 이 책은 2020년 한 해 동안의 성찰과 고민을 담았다고 할 수 있다.

자칭 민주진보가 수구반동으로 변하여 소중한 것을 무참히 파괴하고 엉뚱한 우상을 섬기는 행태를 보면서, 나는 지킬 것은 지키고 기릴 것은 기리는 보수가 되었다. 생각은 그대로인데 과거에는 진보로, 지금은 보수로 불리게 되었다. 그리고 보수·우파 진영의 수많은 인사들을 만나면서 보수 진영이 그야말로 사분오열, 지리멸렬하다는 것을 알았다. 사상이념적 혼란도 극심하다는 것을 알았다. 그래서 이런 망국적 혼란을 불식시키는 데 도움이 되는 담론 활동과 실천(창당) 활동을 하기에 이르렀다.

첫 책 『대우자동차 하나 못 살리는 나라』(2001)를 쓸 때는 책 한 권과 목숨을 바꿀 수도 있다는 생각을 하였다. 수십 수백만 명의 밥줄을 잘라 버리는 시대의 혼미를 깨우칠 수만 있다면 이 한 목숨 바치는 것이 아깝지 않다고 생각했다. 이런 생각을 책 서문에 넣었는데, 돌이켜보면 그야말로 사소한 것에 목숨까지 걸었으니 겸연쩍기 이를 데 없다. 하지만 이런 생각으로 식민지 시대에는 안중근, 윤봉길 등이 총을 쏘고 폭탄을 던지고, 1980년대는 분신 투신 자살을 했겠구나 하는 생각이 들었다. 지금이야 한 해 동안의 정책을 논한 책은 대중의 주목을 끌 수 없다는 것을 안다. 이념과 비전은 여전히 엄청나게 중요하지만 정치적 사회적 힘, 즉 운동과 조직 등으로 받아 안지 않으면 잠꼬대나 술 안주 이상이 아니라는 것도 안다. 그래서 책 출간에 대해서 별 감흥은 없다. 하지만 숙성되고 체계적인 생각 없이 정치가 이뤄지면 안된다는 것은 역대 정부의 계속된 혼미와 좌절을 보면서, 1987년 이후 가장 강한 권력을 가진 문재인정부의 온갖 문명 파괴 행위를 보면서 더 뼈저리게 절감한다.

2006년 여의도 입도 후 한 번도 내려놓지 않은 꿈이 영국 앤서니 기든스의 '제3의 길'이나 미국의 '하이드파크선언' 같은 책이나 강령적 선언을 공유하는 정치결사를 만들어 정당과 정치를 개혁해 보는 것이었다. 물론 그 책이나 선언은 수백 수천 수만 명의 지식인, 전문가, 활동가, 당원과 지지자들의 대화, 토론을 통해 숙성되고 정련된 것이어야 한다. 그런데 아직도 그 꿈을 이루지 못하였다. 하지만 자유책임 시민정당에서 개혁자유연합을 거쳐, 자유대연합당으로 오는 과정에서 꿈의 절반은 이루었다. 나머지 절반은 2021년 재보선 이후 당 활동을 하는 과정에서 가능하지 않을까 한다.

2021년 1월
개혁자유연합당 정강정책소위 위원장/사회디자인연구소 소장
김대호

목차

2부
국민의힘으로는 왜 안 되나

1부
길고 깊은 성찰

1장 4.15총선의 교훈과 과제

1절
4.15총선의 충격

선거 평가는 정치적 교훈과 지혜의 보고寶庫이다. 그런데 이 중요한 선거 평가를 너무 등한시하였다. 선거 평가는 미래통합당·국민의힘뿐 아니라 자유, 보수, 우파, 애국 혹은 십자가, 태극기, 성조기 등으로 자신의 정체성을 표현해 온 제반 정치세력(우리공화당, 친박신당, 기독자유통일당 등)도 절실히 필요하다. 창당을 시도했다가 실패하거나 독자 정당으로 총선 대응을 하려다가 미래통합당에 합류한 바른정당-바른미래당-새보수당, 미래를향한전진4.0당, 국민의소리당 창준위 등에 대한 평가도 필요하다. 특히 매우 특이한 정치 실험을 한 국민의당과 국가혁명배당금당에 대한 평가도 필요하다. 선거 평가는 도대체 무엇이 좋아서(호감) 혹은 싫어서(비호감) 혹은 필요해서(이익) 특정 정당이나 후보를 지지하거나 반대하는지를 규명하는 것이다. 이를 통해 무엇과 단절할지, 무엇을 강화하고 보완할지를 도출하는 것이다. 자신들의 기대나 목표 혹은 가설을 선거 결과(현실)와 대조하여 그 차이를 규명하는 것이다.

2019. 10. 3 광화문광장의 함성과
2020. 4. 16 삼성전자 연구실의 하이파이브

2019년 10월 3일 광화문광장의 백만 인파의 분노와 함성을 모르는 사람은 없다. 하지만 2020년 4월 15일 총선 다음날(4. 16) 기흥의 삼성전자연구소부터 테헤란로의 작은 벤처 기업까지 3,40대 화이트칼라들 상당수가 '우리가 이겼다'면서 승리의 하이파이브를 했다는 사실을 아는 이는 많지 않다. 이들은 민주당의 압승을 월드컵 4강전이나 한일 축구대전에서 한국팀이 이긴 것처럼 자축하였다고 한다. 공공부문 종사자는 말할 것도 없고 글로벌 민간 대기업과 중소·중견 기업에서도 비슷한 광경이 벌어졌다고 한다. 2,30대 여성들은 3,40대 화이트칼라들 못지않게 미래통합당이나 자유, 보수, 우파, 애국 표방 정당에 싸늘했다는 것이 중론이다.

애국적 일념과 절박한 심정으로 무려 3년 동안 비바람 찬 이슬 무더위 강추위를 무릅쓰고 광화문광장에서 오직 자유민주주의와 시장경제 수호, 한미동맹 강화, 박근혜 신원伸寃 등을 외쳐온 사람들로서는 참으로 황당하고 허탈한 결과가 아닐 수 없다.

4.15총선 직전 팽배했던 자유보수 시민들의 낙관과 기대는 비관과 절망으로 바뀌었다. 문 정부와 180석을 얻은 민주당은 그야말로 모든 폭정, 실정, 독선, 위선, 부정비리의 면죄부를 받은

양 폭주의 가속 페달을 밟고 있다. 그런데 오만과 독점의 횡포는 문 정부와 민주당의 전유물이 아니다. 야권 내 경쟁자이던 국민의당, 민생당의 위축과 자유보수 진영 내 경쟁자이던 바른정당-바른미래당-새보수당, 우리공화당, 친박신당, 기독자유통일당 등의 흡수(통합), 위축, 몰락으로 경쟁 상대가 사실상 없어진 미래통합당·국민의힘도 독점의 횡포를 부리고 있다. 문 정부와 민주당을 반대하는 사람들로서는 다른 선택지가 없어서, 울며 겨자 먹기로 자신들을 지지할 수밖에 없다고 보기 때문이다. 이른바 '반대 독점' 지위를 확보하였다고 보는 것이다. 모든 독점은 갑질과 폐쇄성으로 나타난다. 공천에 반발해서 탈당한 뒤 무소속으로 당선된 홍준표, 김태호, 윤상현 의원을 배제하려는 태도가 단적인 예이다.

2017년 5월 9일 대선 이후 3년간 문 정부와 민주당이 보여준 위선, 독선, 오만, 무능으로 점철된 정치 행태와 위험과 부담을 사회적 약자와 취업 전선에 뛰어들 청년·미래세대로 전가하는 포퓰리즘 정책으로 일관해 온 것을 감안하면 20대 득표율이 47.6%(2017년 대선 문재인 후보 득표율)에서 56.4%(2020년 총선 더불어민주당 지역구 후보 득표율), 30대는 56.9%에서 61.1%, 40대는 52.4%에서 64.5%, 50대는 36.9%에서 49.1%로 뛴 것은 당혹을 넘어 공포스러운 일이다. 2017년 대선에서 안철수를 지지했던 호남(전국에 흩어져 있는 호남민 포함) 표심이 민주당에 쏠린 것이 주효했겠지만, 20대 30대 40대가 민주당을 압도적으로 지지하고 미래통합당·국민의힘을 압도적으로 외면한다는 사실이 변하는 것은 아니다.

4.15총선에서 압승한 문 정부와 민주당은 그야말로 폭주의 가속페달을 밟고 있다. 불평등, 양극화, 일자리 문제를 해결한다면서 펼친 소득주도성장 정책과 부동산 정책은 파탄난 것이 분명하지만 반성도 성찰도 없고, 궤도 수정도 없고, 그럴 듯한 대안도 없다. 2017년 대선의 드루킹 댓글 조작 사건과 2018년 울산시장 선거에서는 청와대와 경찰이 주도한 선거 개입 혐의 등은 중대한 법률 위반이 분명한데, 법과 관행에 따른 수사·조사·감사를 노골적으로 방해하고 있다. 법과 원칙에 따라 행동한 공직자(특

2020. 4. 15 총선 KBS 등 방송 3사 출구조사 결과:
여성 연령별 지역구 후보(정당) 지지율

연령(여성)	18~29세	30~39세	40~49세	50~59세	60대 이상
더불어민주당	63.6%	64.3%	64.2%	47.5%	33.5%
미래통합당	25.1%	26.5%	27.3%	43.8%	59.5%

2020. 4. 15 총선 KBS 등 방송 3사 출구조사 결과:
연령별 지역구 후보(정당) 지지율

연령 (세대 전체)	18~29세	30~39세	40~49세	50~59세	60대 이상
더불어민주당	56.4%	61.1%	64.5%	49.1%	32.7%
미래통합당	32.0%	29.7%	26.9%	41.9%	59.6%
민생당	1.9%	1.5%	1.5%	1.7%	1.7%
정의당	2.9%	2.3%	2.3%	1.7%	0.7%
기타정당	6.8%	5.4%	4.9%	5.6%	5.3%

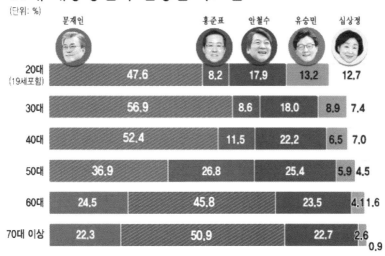

19대 대통령선거 연령별 득표율

(단위: %)

	문재인	홍준표	안철수	유승민	심상정
20대 (19세포함)	47.6	8.2	17.9	13.2	12.7
30대	56.9	8.6	18.0	8.9	7.4
40대	52.4	11.5	22.2	6.5	7.0
50대	36.9	26.8	25.4	5.9	4.5
60대	24.5	45.8	23.5	4.1	1.6
70대 이상	22.3	50.9	22.7	2.6	0.9

히 법관과 검사)에 대한 인사상 불이익을 주는 지경에까지 이르렀다. 라임·옵티머스 금융사기, 월성1호기 경제성 조작과 관련 서류 폐기, 추미애 아들에 대한 불법적 휴가 연장(탈영 덮기) 등은 권력 핵심이 관여된 것이 분명하다. 그럼에도 검찰 수사가 진행되자 법무부 장관의 인사권으로 윤석열 검찰총장의 직무를 정지시키는 등 역대 정부에서는 상상도 하기 힘든 법치와 상식 파괴 행위를 자행하고 있다. 코로나19 방역은 의학적 상식은 젖혀 두고, 노골적인 정치성과 폭압성을 띠고 있다. 2019년 전연령대 자살률은 0.9% 증가했지만, 20대 여성의 자살률은 무려 25.5%로 폭증하였다.[1] 2020년 상반기에는 43%로 폭증하였다. 그럼에도 20대

---

1) 30대 여성은 9.3%, 10대 여성은 8.8%, 20대 남성은 0.7% 증가하였다.

여성과 40대가 문재인정부에 대한 가장 높은 지지를 보내고 있다고 알려져 있다. 거대한 수수께끼가 아닐 수 없다.

부모 세대와 자식 세대의 반목과 증오

2019년 10월 3일 시위의 주력이 부모 세대라면, 2020년 4월 16일 하이파이브의 주력은 자식 세대이다. 전자는 건국과 산업화의 주력이자 4.19, 6.3, 유신반대투쟁의 주력이다. 1987년 3, 40대 넥타이부대의 주력이기도 하다. 후자는 1990년대 초중반 해외여행 자유화에 따라 유럽 배낭 여행을 하고, 1997년 외환위기로 인해 혹독한 취업난을 겪고, 노무현 대통령의 당선에 환호하고, 그의 비극적 죽음에 아파하고 분노하였다. 아마도 2008년 광우병시위와 2016년 하반기부터 이듬해 상반기까지 이어진 촛불시위의 주력이기도 할 것이다. 또한 1987년 6월항쟁을 주도하고, 1990년 전후한 시기에는 대학 캠퍼스를 완전히 장악한 전대협-한총련 중심 학생운동의 좌경화된 이념적, 문화적 세례를 듬뿍 받은 세대이기도 할 것이다.

이런 역사적 경험을 종합해 본다면 김영삼, 이명박, 박근혜 정부와 한나라당, 새누리당, 자유한국당에 대한 깊은 반감을 가지고 있을 가능성이 높다. 물론 검증하기 힘든 추론이다. 하지만 대한민국 유권자들의 세대별·성별 투표 성향은 대체로 물질적 이익을 냉철하게 타산하고, 이념에 충실하기보다는 증오하고 혐오하는 정치 집단을 응징하는 것을 중심에 놓기에 세대와 성의 집단적 증오와 혐오가 형성된 역사적 사건을 주목하지 않을 수 없다. 아무튼 '10.3 시위'의 주력과 '4.16 하이파이브'의 주력은 역사와 현실을 완전히 다르게 본다는 것은 확실하다. 전자는 대한민국이 만든 역사의 밝은 면(빛)을 주로 보고, 후자는 어두운 면(그늘)을 주로 본다. 빛은 기적과 영광의 역사요, 그늘은 '정의가 패배하고 기회주의가 득세한' 오욕의 역사이다. 10.3 시위의 주력은 반 컵의 물을 놓고 전자는 초기(출발) 조건을 생각하고, 비슷한 조건의 많은 나라를 둘러본 후 반 컵이나 있다며 자랑스러워 한다. 대체로 상인과 공인, 무인과 군인의 정신(실용주의, 실력주의, 힘과 결과 중시주의 등)을 신봉한다.

하지만 4.16 하이파이브의 주력들은 그들 나름의 도덕과 정의의 잣대로 반 컵밖에 없다면서 부끄러워하고, 분노하고 혐오한다. 대체로 조선 선비(士)의 정신(도덕주의, 원리주의 등)을 신봉한다. 당연히 이들이 뿜어내는 분노와 혐오는 그대로 반사된다. 온갖 간난을 무릅쓰고 20세기 중후반의 세계적 기적을 만들었다고 자부하는 사람들은 그것을 인정, 존중은커녕 무시, 폄하하는 자들에 대해 어떻게 생각하겠는가? 세계사적 기적을 만든 대한민국과 주류, 보수, 우파 세력에 대한 과도한 폄하, 분노, 혐오는 선진국이나 주변국에서 찾아보기 힘들다. 도대체 이 특이한 감정반

응은 어디서 와서 어떻게 재생산되는지는 한국 정치사의 수수께끼 중의 하나이다.

북한 조선노동당이 대한민국을 폄하하고 적대하는 이유를 모르는 사람은 거의 없다. 그런데 조선노동당에 동조하지도 않고, 북한을 동경하지도 않으면서도 대한민국의 기적을 만든 주류, 보수 세력을 폄하하고 적대하는 이유는 무엇일까? 1990년대 초중반 해외여행 자유화와 원화 강세에 따른 유럽 배낭 여행 붐과 1997년 외환위기라는 롤러코스터를 탄 경험, 노무현의 독특한 매력과 비극적 죽음에 대한 복수심, 2010년대 들어 x86세대 영화감독, PD, 작가들의 허구적 역사 인식에 근거하여 만들어진 영상물(백년전쟁, 암살, 변호인, 택시운전사, 해운대 등)의 효과, 박근혜 퇴진·탄핵 요구 시위의 승리 경험 등이 중요한 이유 중의 하나일 것 같은데 확실한 것은 알 수 없다.

하지만 주류, 보수 세력의 불안과 공포와 증오의 이유는 비교적 명확하다. 해방 공간에서 보여 준 한반도 좌익들의 집요하고 조직적이고 야만적인 행태와 아직도 그 뒷배를 봐주고 있는 중국과 소련의 존재이다. 그뿐 아니라 타인(신분, 계급, 혈통 등)에 대한 증오와 적대를 정당화하고 그 생명, 재산, 자유 박탈을 가볍게 여기는 20세기 초중반 유라시아 대륙을 휩쓸던 몹쓸 이념과 저지른 만행이다. 게다가 조선의 정신문화 유산과 식민지 경험으로 인해 법치보다 인치, 재산권과 자유권 경시, 도덕주의, 반시장주의, 민족주의, 전체주의의 호소력이 큰 현실도 빼놓을 수 없다. 그런 점에서 근대 문명 친화적인 것이 분명하다. 10.3 시위의 주력과 민정당-민주자유당-신한국당-한나라당-새누리당-자유한국당-미래통합당-국민의힘은 북한과 그 야만 체제에 대해서는 과도하게 적대했다고 할 수는 있지만, 국내적으로는 대체로 관용, 포용, 통합적이었다. 그렇기에 청년 시절에 대한민국을 부정하는 혁명 운동을 했던 많은 인사들에게 적지 않은 기회를 주었던 것이다. 또한 2008년 총선 이후 4년간 행정 권력과 의회 권력을 완벽히(2/3 이상) 장악했음에도 불구하고, 삼권분립과 여야 합의 정신을 완전히 무시하지는 않았다. 그럼에도 불구하고 불평등, 양극화, 복지 문제 등에 대해 둔감했거나 적극 대처하지 못한 한계는 엄연하다.

하지만 4.16 하이파이브의 주력과 전대협 학생운동 출신들은 북한과 북핵에 대해서는 놀랍도록 낭만적, 관용적, 우호적이다. 하지만 국내 정치적으로는 지극히 배타적, 분열적, 적대적이다. 자유, 보수, 애국, 우파의 기치를 들고 태극기, 성조기, 십자가를 흔드는 세력이 대한민국 분단, 전쟁, 냉전, 친일, 독재, 학살, 고문, 부정부패, 독점, 불평등, 양극화 등 온갖 흑역사의 주범인 것처럼 생각한다. 일본에 대해서는 과도하게 적대적이고, 미국에 대해서는 우방국이자 패권국의 인내와 포용의 한계를 시험하듯 끊임없이 심기를 긁어 대고 있다. 그런 점에서 근대 문명과 먼 것이 분명하다.

이유가 무엇이든 30대 중반에서 40대가 핵심인 4.16 하이파이브의 세대와 호남의 압도적인 지지에 고무된 문 정부와 민주당은 이제는 여야 합의 또는 숙의 정신을 완전히 무시하고 자유권과 재산권을 함부로 침해하는 파쇼 악법을 양산하고 검찰, 경찰, 법원, 감사원, 방송, 언론, 문화 등 제반 국가기관을 장악하여 전횡을 하고 있다. 10.3 시위 주도 시민들은 대한민국이 이룩한 모든 것이 무너지고 있다는 당혹과 공포에 휩싸이지 않을 수 없게 되었다.

붉은광장의 훈장 달고 행진하던 볼세비키 노인네?

대한민국의 역사와 현실에 대한 완전히 상반된 두 시각은 서로 겸허히 인정하고 반성할 것도 있고, 사실을 살펴 교정할 것도 있다. 온고지신溫故知新 법고창신法古創新의 정신으로 과거의 성과를 존중하고, 그 과정에서 범한 과를 겸허히 인정하여 더 나은 미래로 손을 맞잡고 나아갈 수 있다. 그런데 정치적 경쟁 세력에 대한 폄하, 배제, 청산, 척결에 기대어 무소불위인 전제 권력을 탐해 온 후진 정치에 의해 상호 존중, 협력, 건설의 에너지는 폄하, 적대, 분열, 파괴의 에너지로 변질되었다. 이런 후진 정치를 가지고 대한민국은 실패 국가로 전락할 수밖에 없다는 것은 불을 보듯 뻔하다.

　이런 반역과 퇴행의 역사를 조기에 확실히 종식시키기 위해서는 미래통합당·국민의힘과 자유, 보수, 우파, 애국의 기치로 광화문광장 투쟁을 주도해 온 세력은 2040세대와 3040화이트칼라와 호남민들에게 자신들이 어떻게 비치는지 냉철하게 짚어 볼 필요가 있다. 인간은 원래 자신에 대해서든 타인에 대해서든 역사와 현실에 대해서든 보고 싶은 것만 보는 경향이 있다. 당연히 의도와 너무나 다른 결과를 접하면 세상(문 정부와 민주당 등)을 보는 자신의 눈도 의심하고 자신을 보는 저들, 특히 혐오자들의 눈도 냉철하게 살펴야 한다. 미래통합당·국민의힘과 자유, 보수, 우파, 애국의 기치로 광화문광장 투쟁을 주도해 온 세력을 혐오하거나 불신하는 사람들에게 자신은 도대체 어떤 존재인가를 상대방의 시각과 대중의 시각으로 보아야 한다. 더 냉철하게 저들 적대, 혐오, 배척 세력들의 눈으로 자신을 살펴야 한다.

　혹시 우리는 시대의 변화를 읽지 못하고 입만 열면 좌빨 시비나 하는 노인들, 과거를 그리워하며 인정 투쟁을 벌이는 '꼰대'나 '라떼'들로 보이는 것은 아닐까? 태극기, 성조기, 십자가, 박근혜 사진, 군복, 군가라는 상징물을 앞세워 광화문광장을 행진하는 구 기득권 집단으로 보이는 것은 아닐까? 1990년대 구 소련 붕괴 직후 20세기 최고의 기적(나치 독일 패퇴, 사회주의 세계체제 건설과 미국과 패권을 다툰 초강대국으로 부상)을 창조한 주역들이 훈장을 주렁주렁 달고 모스크바 붉은광장을 행진하던 노인네들과 얼마나 다를까? 혹시 그 기저 심리나 결말(서서히 소멸)이 비슷하지는 않을까?

분명한 것은 우리가 생각하는 광화문광장의 자유, 보수, 우파, 애국 시민들의 모습과 호남과 3040세대들의 눈에 비친 모습이 엄청나게 다르다는 것이다. 당연히 우리의 처신을 교정할 것도 있고, 저들의 시각을 교정할 것도 있다. 이 둘을 분별하고, 쉽게 바꿀 수 있는 것과 없는 것을 분별하는 것이 정치적 지혜의 핵심일 것이다. 짧게는 4.15총선에 대한 성찰이, 더 길게는 2016년 가을 이후 광장(재야) 보수가 전개한 투쟁과 이명박·박근혜 정권 9년에 대한 성찰이, 더더 길게는 1987년 이후 33년의 보수와 진보 정부 및 정치 세력의 공과에 대한 치열한 성찰이 정치적 지혜를 얻는 확실한 방법 중 하나일 것이다.

2절
미래통합당·국민의힘 총선 백서

　4.15 총선 직후 자유한국당-미래통합당의 최고위, 공관위, 선대위에 깊이 관여했던 인사들과 정치평론가들이 주로 언론 인터뷰를 통해 내놓은 선거 평가는 대체로 인상 비평 수준이었다. 미래통합당·국민의힘이 2020년 8월 13일 내놓은 100쪽이 넘는 '제21대총선백서'도 그리 다르지 않았다. 그런데 2019년 10월 3일 시위 주도 세력과 우리공화당, 친박신당, 기독자유통일당과 양대 정당의 한계를 보고 제3당으로 정립하려는 꿈을 가진 민생당, 국민의당, 정의당 등도 체계적이고 실증적이고 심도 있는 선거 평가를 한 적은 없다.

　총선 백서 발간 이전부터 미래통합당·국민의힘의 주요 인사들은 선거 패인을 자신들·당권파의 문제(전략, 공천, 리더십 등)가 아니라 외부에서 찾았다. 우파 교주주의 탓(박형준), 극우 유투브 탓(김무성)이 대표적이다. 광화문광장 투쟁에 나선 보수, 자유, 우파 세력들과 황교안·미래통합당이 너무 가까이 한 것과 막말 후보 2인(김대호, 차명진)에서 찾기도 하였다. 두 후보가 막말을 하지 않고 혹은 더 빨리 쳐내지 않고 보수, 자유, 우파 시민들은 광화문광장 투쟁을 자제하고, 자제하지 않으면 미래통합당이 이들과 단호하게 절연했더라면 총선 결과가 좋았을 것이라는 얘기다. 그런데 김형오 공관위 구성-혁통추와 미래통합당 출범- 공천 과정에서 이미 아스팔트 우파와 절연하였다. 김문수 탈당과 박근혜 옥중 메시지(사실상 통합당 지지)가 그 증거이다. 엉뚱한 데 패배 책임을 돌리는 행태로 인해, 참패와 좌절로 인해 깊은 반성과 성찰의 기운이 감돌던 보수, 자유, 우파 시민들을 격분하게 하였다.

4.15총선 직후 미래통합당·국민의힘에 널리 공유되는 평가는 대체로 자기 부정적(기존의 보수우파의 노선은 틀렸다), 자학적(자체 혁신은 안 된다), 청산주의적(민주당 따라가기 등)이었다. 그리고 그 반대급부로 아스팔트 우파=태극기 세력 절연론, 중도 외연 확장론(좌클릭론), 보수·자유·우파 단어 금기론, 보수 탈색론 등이 대안으로 등장했다. 이로부터 외부에서 전문의를 모셔와서 수술을 하자는 외부 인사 비대위장 추대론과 세대 교체론(3040 기수론 등)이 나왔다. 하지만 심도 있는 평가를 통해 국민의힘의 지도 체제와 진로가 결정된 것은 아니었다. 그런 점에서 4.15총선에 대한 얕은 반성과 성찰, 책임 전가 행태야말로 절연해야 할 '익숙한 과거'요, '비호감'을 높이는 짓으로서 중도 외연 확장을 가로막는 큰 장애물임에도 불구하고 이를 거의 의식하지 않는다.

출입기자 대상 설문조사로 잡은 목차

미래통합당·국민의힘의 『제21대총선백서』는 기본적으로 발간 시점, 작성 주체와 방법과 실제 내용이 다 꼼수 투성이다. 발간 시점인 2020년 8월 13일은 연휴 직전이고, 8.15 집회가 핵심 이슈였기에 백서에 대한 관심과 논란을 회피한 것처럼 보인다. 총선 평가의 기본인 선관위 제공 데이터(후보, 지역, 정당, 무효표 등)에 대한 분석도 없고, 각종 여론조사나 판세 분석 데이터와 실제 선거 결과에 대한 연계 분석도 없다. 무엇보다도 패인의 경중(순서)을 담은 목차를 선거 관전자인 미래통합당 취재기자단을 상대로 한 '총선 패배 원인 설문조사'를 통해 잡았다. 통계는 없지만 취재기자단은 대체로 30대 대졸 남자가 주력일 텐데, 백서가 조사 대상의 연령, 학력, 성에 따른 편향을 의식한 흔적은 없다. 설문의 문항(표현)으로 인한 왜곡도 크기 마련인데 이를 의식한 흔적도 없다. 이들이 전략 전술을 구사한 참전자가 아니라 이를 멀리서 지켜본 관전자라는 것을 의식한 흔적도 없다. 무엇보다도 선관위 통계(후보, 정당, 지역, 역대선거별 득표율 등)에 입각한 분석이 없다. 아무튼 백서 목차의 패인 순위와 표현(wording)은 다음과 같다.

①중도층 지지 회복 부족, ②막말 논란, ③공천 논란, ④당 차원 전략 부재, ⑤탄핵에 대한 입장 부족, ⑥40대 이하 연령층의 외면, ⑦코로나19 영향, ⑧강력한 대선 후보군 부재, ⑨공약 부족, ⑩여권의 재난지원금 지급 추진 순이었다.

그런데 당의 총선 출마자(참전자)들을 대상으로 한 설문조사 결과와는 사뭇 달랐는데, 그 내용은 다음과 같다.

①중앙당 차원의 효과적인 전략 부재, ②최선의 공천 사실상 실패, ③정부·여당의 재난지원금 지급 추진, ④대선 이후 이어진 중도층 지지 회복 부족, ⑤코로나19 방역에 대한 긍정 평가 증가, ⑥선거 종반 막말 논란, ⑦40대 이하 연령층의 외면, ⑧탄핵에 대한 명확한 입장 부족, ⑨국민을 움직일 공약의 부족, ⑩강력한 대선 후보군 부재 순이었다.

두 설문조사 결과를 비교하면 백서는 '중도층 지지-막말 논란-공천-당의 전략' 순이고, 출마자들은 '당의 전략-공천-재난지원금-중도층 지지' 순이다. 백서에서는 막말 논란이 무려 패인敗因 2위 자리를 차지하고 있다.

총선 백서가 주요하게 지목한 '①중도층 지지 회복 부족'과 '⑥40대 이하 연령층의 외면'은 사실상 동어반복으로, 출구조사 결과의 단순 인용(현상 묘사)일 뿐이다. 그런 점에서 총선 백서가 지목한 첫 번째 패인은 '막말 논란'이라고 해도 과언이 아니다. 물론 막말 자체가 패인인지, 막말 논란을 엄청나게 키운 지도부의 대응이 문제인지는 설문에서 묻지 않았다. 이를 막말 논란으로 뭉뚱그려 설문조사를 하였다.

원래 모든 패인은 주체(미래통합당과 후보)의 대응(전략전술)에서 찾아야 한다. 주체가 제어하기 힘든 환경=객관적 조건을 탓하면 안 된다. 취재 기자단 등 관전자들은 객관적 조건의 불리함을 주요하게 지목할 수 있지만, 이를 사전에 인지하여 전략 전술을 수립하여 싸우는 주체(당과 후보)에게는 환경의 불리함이 핵심 패인으로 되어서는 안 된다는 얘기이다. 선거 전부터 환경의 불리함이 충분히 인정되어 결과가 예측되었다면 몰라도!

그런 점에서 총선 백서가 주요하게 지목한 패인인 '⑦코로나19 영향 ⑧강력한 대선 후보군 부재 ⑩여권의 재난지원금 지급 추진'은 주체로서는 제어하기 힘든 일종의 환경, 즉 객관적 조건이다. 반성과 성찰은 이런 객관적 조건에 대한 당과 후보의 대응(전략 전술)상의 오류를 중심으로 이뤄져야 한다. 그러므로 총선 백서가 제시한 패인 중 의미 있는 것은 '②막말 논란 ③공천 논란 ④당 차원 전략 부재 ⑤탄핵에 대한 입장 부족 ⑨국민을 움직일 공약 부족' 정도라고 할 수 있다. 실은 '막말 논란'도 '막말 대응'으로 바꿔야 하고, '공천 논란'도 공천 문제(전략, 추태, 갈등)로 바꿔야 한다. '탄핵에 대한 입장 부족'도 '입장 모호'로 바꿔야 한다.

2016년 백서와 2020년 백서

2020년 미래통합당 총선 백서와 2016년 새누리당 총선 백서는 목차만 비교해도 그 문제점, 즉 얕은 성찰과 반성, 다시 말해 남의 집 불 구경 관전평과 선거 패배에 대한 책임 전가 및 희석 의도가 선명하게 드러난다. 2016년 새누리당 총선 백서 목차는 기본적으로 주체의 대응 또는 처신에 집중되어 있다. 기본적으로 문제를 내부에서 찾는다. 사용한 표현만 봐도 성찰과 반성의 강도가 확연히 다르다. '07 [선거 구도]가 객관적 조건에 해당되지만, 실은 이마저도 압도적으로 주체에 유리할 것이라고 본 치명적인 오판에 대한 반성을 담고 있다.

PART 3. 우리는 왜 너희를 찍을 수 없었나?

01 [계파 갈등] 밥그릇 싸움, 지긋지긋해!

진박, 친박, 비박, 원박, 뭔 박이 이렇게나 많이…흥부전도 아니고/ 국민 공천! 정말?/ 그 나물에 그 밥, 물갈이 대실패

02 [불통] 어딜 봐? 국민을 봐야지!

불통의 정부와 거수기 여당/ 국민: 나 지금 누구랑 이야기 하는 거니?

03 [자만] 오만의 끝을 봤다

'180석'이라 쓰고 '오만'이라 읽는다/ 영남·강남, 우리가 텃밭이라고?/ 여론조사 160~180석? 우리가 막아주마/ 진짜 그렇게 생각해?

04 [무능] 먹고 살기 너무 힘들어

대기업은 못 건들고 유리지갑만 턴다/ 대선 공약公約은 공약空約이 되었다/ 청년을 위한 나라는 없다

05 [공감 부재] 공감이 뭔감?

세월호 사건의 슬픔, 누가 보듬어 주나/ 메르스보다 무능한 정부가 더 무서워/ 역사교과서 국정화, 누구를 위한 것인가? / 위안부 합의, 할머니들 이야기도 들어 봤었더라면…

중도층 지지 회복 부족? 거대한 착각의 원천

　『4.15총선백서』는 '①중도층 지지 회복 부족'을 첫 번째 패인으로 명기했다. 그런데 양당·양강의 승자 독식 구도 선거에서 패한 측은 언제나 핵심 패인을 중도층 혹은 교차투표층(swing voter) 지지 획득 미흡을 들게 되어 있다. 한국에서는 연령적으로는 40대 이하 표, 이념적으로는 중도층 표, 지역적으로는 충청 표, 서울·수도권 표, 호남 보수 표, 영남 진보 표가 잘 알려진 중도층 혹은 교차투표층이다. 그런데 백서는 교차투표층을 이념 프레임으로만 보고 '스윙 보수층=중도층'으로 단순화하였다. 그런데 교차투표층은 설문조사나 출구조사 등을 통해 어느 정도 확인되지만, 중도층은 그렇지 않다. 이념적 중도층은 조사자도 응답자도 잘 모른다. 하지만 중도층은 교차투표층의 한 부분이라는 것은 분명하다. 다양한 이유로 교차 투표를 하는 유권자들이 자신을 중도층이라고 인식할 가능성이 크다.

백서는 한국갤럽 설문조사를 인용하여 박근혜 전 대통령 탄핵 전에는 한국 유권자들의 정치 성향을 4(보수), 4(진보), 2(중도) 정도로 보고 선거 때마다 이 중도의 2를 노리는 전략을 짜 왔다고 한다. 그런데 '박근혜 대통령 탄핵 사태' 이후에는 10% 정도가 보수에서 중도로 이탈하고, 중도에 있던 10% 정도가 진보 쪽으로 이동해서 4:4:2의 구도가 5:3:2 구도가 되어 대선과 지방선거가 치러졌는데, 이번 총선에서도 중도층 지지 회복에 실패하며 패배하였다고 진단하였다.(『총선백서』 26쪽)

요컨대 백서는 스윙 보수층=중도 성향 지지층을 유권자의 25~30%로 보고, 이들은 '사드 배치나 강경한 대북 정책에는 대체적으로 동의하고, 민주당으로 넘어간 구 미래통합당 지지층은 성장보다는 복지 정책을 우호적으로 본다'면서 '향후 미래통합당이 안보와 통일, 그리고 대북 정책에 대한 접근 방식을 보다 현실

〈이념 성향 분포의 변화〉

	20대 총선 전 ('16년 1~3월)	20대 총선 후 ('16년 5~7월)	국정농단 보도 후 ('16년 11월)	대선 전 ('17년 12~4월)	지방선거 전 ('18년 3~5월)	21대 총선 전 ('20년 1~3월)	21대 총선 후 ('20년 5~7월)
보수	31%	28%	26%	25%	22%	27%	23%
중도	30%	28%	28%	29%	28%	28%	30%
진보	23%	24%	30%	34%	35%	29%	30%
무응답	16%	20%	16%	12%	15%	16%	17%

적인 안목으로 바라봐야 할 필요성이 있음을 시사하고 있다'고 하였다.(『총선백서』 27쪽)

문제를 이렇게 진단하면 안보는 보수, 경제와 복지는 진보, 대북 정책은 진보적(대북 유화적)으로 가야 중도층 지지를 회복할 수 있다는 결론에 이르게 된다. 백서는 '스윙 보수층 복권이 급선무'라는 제하에 '이념 논쟁보다 민생이 더 시급한 현실임을 파악하고, 피부에 와 닿는 보다 현실적이고 합리적인 대안을 내놓아야 한다'고 하였다. '예를 들면 문재인 정권의 경제 파탄에 대한 막연한 비난으로 발목 잡는 정당 이미지를 주는 대신, 대안 정책을 제시하여 수권 능력을 보여 줘야 한다', '청년과 중장년층의 일자리 창출 및 코로나19로 어려워진 서민층의 생활에 깊이 공감할 수 있는 정책의 개발(현금성 기금 지급, 부동산 문제 해법 등)을 통해 지지층의 스펙트럼을 넓히고', '소통이 경직된 문화, 상명하복과 같은 권위적인 문화를 탈피함으로써 젊은 층을 흡수할 수 있는 새로운 이미지를 창출'해야 한다고 하였다. 이로부터 중도층 지지 회복 전략은 안보는 보수, 경제와 복지는 진보 외에도 정부 여당에 대한 발목 잡는 정당 이미지 탈피(아마도 정부 여당에 대한 비판과 강경 투쟁 자제와 정책 정당 이미지 구축 등), 이념 논쟁(아마도 좌빨, 종북, 주사파, 사회주의 시비) 지양, 피부에 와 닿는 민생·실용·대안 정책 제시, 당내 상명하복의 권위적인 문화 탈피 등도 실천적 결론으로 도출된다.

백서는 그 외에도 '중도와 보수의 커플링Coupling 만들기'라는 제하에 '현실성 있는 정책 정당으로의 면모를 보여 주고 강력한 대선 후보의 입을 통해 비전을 전달'하며, '경제민주화와 같은 실용주의 정책을 우선하여 고민해야' 하며 '자유민주주의 시장 체제를 견지하되 빈부격차를 해소하는 실용적 경제 해법이 필요하다'고 하였다. 여기서 보듯 경제민주화를 빈부격차를 해소하는 실용주의 정책으로 본다. 이는 소득주도성장 정책을 빈부격차를 해소하는 실용주의 정책으로 보는 것과 다르지 않다. 정책 의도와 실제 결과가 전혀 다른 한국 특유의 현실에 대한 성찰이 없다는 얘기이다.

'중도 외연 확장론'은 현행 선거제도와 권력구조(대통령 중심제) 하에서 패배한 측에서 항상 나오는 산토끼(swing voter) 획득 전략이다. 물론 집토끼 결집 전략, 즉 보수나 진보 분열 방지 및 투표장에 많이 끌어내기 전략과 병행해야 하는 전략이다. 그런데 미래통합당·국민의힘은 이것을 놓치고 있다.

선거 평가의 기본은 보수(우파)와 진보(좌파)가 자웅을 겨루는 양당, 양강 구도에서 패배한 측은 자신의 철학(문제 인식과 프레임)과 가치가 왜 대중에게 먹히지 않았는지를 먼저 돌아보고, 중도 외연 확장을 고민하는 것이다. 단적으로 2008년 총선에서 민주당(81석) 참패 이후, 진보적 정체성 강화론=좌클릭론과 중도 외연 확장론 내지 유연한 진보론=우클릭론이 대립하였다. 사상 이념적 자부심이 있는 정치 세력이라면 이런 대립 구도가 정상이다. 보수의 정체성 강화 및 재구성을 중심에 두고, 진보의 합리적 핵심을 수용하자는 담론이 나오는 것이 정상이다. 그런데 희안하게도 미래통합당·국민의힘 내에서는 '아스팔트 우파와 단절' '익숙한 과거와 결별' '중도 외연 확장'이라는 주장은 많이 나오지만, 보수의 정체성 강화를 주장하는 사람은 별로 없다. 그만큼 보수우파적 가치·정책에 대한 자부심이나 자존감이 취약하다는 것을 반증한다. 은연 중에 보수, 자유, 우파를 태극기, 성조기, 이승만, 박정희, 박근혜, 5.18 폄훼, 시장·성장 만능주의, 기득권 지키기, 강경(장외) 투쟁 지상주의(투쟁을 위한 투쟁) 등으로 규정하는 것처럼 보인다.

결별해야 할 익숙한 과거가 무엇인지, 중도가 무엇인지, 어떻게 해야 외연 확장이 가능한지를 둘러싼 논의나 논쟁도 없었다.

일반적으로 선거 표심에 지대한 영향을 미치는 것은 이념, 이익, 호오好惡이다. 대체로 이념은 옳고 그름(정당성)을 따지고, 이익은 말 그대로 이익과 손해를 따지고, 호오好惡는 좋고 싫음을 따진다. 한국에서는 특별히 사표 방지 심리가 강하게 작동한다. 옳은 것, 이로운 것, 좋은 것은 중첩되는 경우가 많다. 자신에게 이로움을 주는 후보나 정당이 옳아 보이고, 좋아 보이기 마련이다. 호남에서의 민주당과 그 소속 후보의 높은 득표율은 이념, 이익, 호오가 결합된 것이다. 하지만 이것이 분리되는 경우도 많다.

이념을 인식하는 프레임이 좌파와 우파 혹은 진보와 보수이다. 이익은 권력이 제도, 정책, 예산, 인사 등으로 줄 수 있는 특수이익으로서 연고(혈연, 지연, 학연, 업연 등)의 영향을 크게 받는다. 호오好惡는 수많은 요인이 복합되어 나타나는데, 대체로 대중이 직관적으로 느끼는 개인 또는 정치 집단의 인격(도덕성)이 핵심이다. 위선(표리부동), 거짓, 오만, 독선, 불통, 배신, 기회주의, 꼰대 느낌 혹은 정직성, 신뢰성, 진정성, 일관성, 포용력, 겸손, 젊음, 인상 등에 대한 종합적 느낌으로 판단한다. 대체로 대중들은 숱한 역경을 이겨낸 겸손하고 인상 좋은 정치인에게서 강한 매력을 느낀다. 유권자에게 주는 구체적인 물질적 이익으로 도배가 된 공약으로 무려 235명(미래통합당은 237명)이 지역구 후보로 나선 국가혁명배당금당(대표 허경영)의 저조한 지지율은, 사표 방지 심리 못지않게 간판 인물의 신뢰성과 너무 노골적인 포퓰리즘에 대한 역겨움 문제를 극명하게 보여 준다.

교차 투표층(swing voter)이라는 개념은 이념, 이익, 호오=매력, 사표방지 심리 등을 분석 대상으로 삼게 만들지만, 중도층이라는 개념은 오로지 이념, 즉 좌파-중도-우파, 진보-중도-보수를 분석 대상으로 삼게 만든다. 총천연색 세상을 적백赤白으로만 보게 만드는 것이다. 그런 점에서 '중도층 지지 회복 부족'이라는 개념을 사용하면서부터 거대한 정치적 착각이나 오류는 예약해 놓았다고 할 수 있다.

그나마 한국에서 이념 성향을 결정하는 변수는 많다. 그래서 큰 선거를 앞에 두면 항상 10~20개의 질문에 답을 하면 5점 또는 10점 척도로 자신의 이념 성향을 알려주는 놀이(사이트)들이 성행한다.

원래 진보와 보수는 변화에 대한 태도를 의미한다. 급진적 변화를 추구하면 진보로, 점진적 변화를 추구하면 보수로 간주된다. 좌파와 우파를 가르는 기준은 사회주의·국가주의에 대한 태도이다. 한국에서는 진보와 좌파가 중첩 융합되고, 보수와 우파가 중첩 융합되어 나타난다. 그리고 진보와 보수를 가르는 기준에는 북한에 대한 입장(원칙대 온정)과 대한민국 역사에서 주목하는 지점(빛과 그늘)이 주요하게 들어가 있다. 원래 좌파와 우파를 가르는 세계 보편적인 기준은 시장과 국가의 권한과 책임 수준, 개인의 자유와 책임 영역, 노동권, 재산권, 여권(낙태의 자유 포함),

성소수자 권리, 기존 취업자와 미래 취업자 권리 등 제반 자유와 권리에 대한 입장이다. 한국에서는 1987년 이후에는 성장(파이 키우기)과 분배·복지(파이 나누기), 경제자유화(탈정치화=규제 완화)와 경제민주화(정치화=규제 강화)의 우선 순위와 재벌 및 노조에 대한 입장도 주요한 기준으로 되었다. 그런데 대중이 널리 수용하는 기준은 정당과 역대 대통령(후보)에 대한 지지나 반대 혹은 호감과 비호감이다. 문재인정부 이전까지는 양대 정당과 유력 대선 후보의 이념적 차이를 그리 선명하게 인식하지 않았는데, 문 정부의 거침없는 정책을 보고서야 비로소 진보·좌파 정부가 기존 정부들과 어떻게 다른지를 인식하게 되었다고나 할까?

대중은 자신의 이념적 정체성을 좌우나 보수-진보의 가치와 정책을 꼼꼼히 따져서 확인하는 것이 아니라 주요 정당에 대한 지지나 반대를 통해서 확인한다. 대충 민주당은 진보이고 정의당은 그보다 왼쪽이라 생각하며, 국민의힘은 보수이고 우리공화당을 비롯한 기독자유통일당과 태극기나 성조기를 흔드는 광화문광장 시민들은 그보다 오른쪽이라고 생각한다. 그러다 보니 박근혜 탄핵에 대한 태도와 북한이나 문 정부의 대북 정책에 대한 공포의 정도 혹은 빨갱이(종북 좌익-주사파-사회주의-연방제 통일) 프레임을 사용하는 빈도가 중도 보수와 극우를 가르는 기준처럼 통용되기도 한다.

민주당을 중도우파라 하면 국민의힘이나 그 오른쪽은 극우나

'울트라' 극우가 되어 버린다. 김종인과 국민의힘을 중도좌파라 규정하면 그 오른쪽이 정통 보수가 되어 버린다. 한국 보수·우파 정치 노선(피아 구분)에서 가장 논란이 되는 것이 이른바 극우-보수·우파-김종인·국민의힘의 정체성 규정 문제이다. 김종인·국민의힘이 규정하는 극우 혹은 아스팔트 우파는 천차만별이다. 지만원 씨 주장에 동조하는 등 5.18 전면 부정 내지 폄훼 세력, 탄핵 반대와 탄핵 원흉(김무성, 유승민, 하태경 등) 척결을 고창하는 세력, 현 정부를 빨갱이·주사파·사회주의자로 규정하고 연방제 통일 저지를 절체절명의 과제로 생각하는 세력, 태극기와 성조기, 박근혜 사진을 들고 광화문광장에서 줄기차게 시위하는 세력, 4.15총선 결과를 전산 프로그램 조작 등 총체적인 부정 선거의 결과로 규정하는 세력, 문 정권의 폭정과 실정에 맞서 원내외 강경 투쟁을 고창하는 세력, 경제민주화를 철 지난 가치로 비판하고 경제자유화를 고창하는 세력 등이다.

선관위가 제시하는 선거 통계를 통해 알 수 있는 것은 후보별, 정당별, 지역(선거구)별, 역대 선거별 득표율 정도이다. 물론 여론조사나 출구조사를 통해 지역, 세대, 성, 이념 성향별 투표 성향도 어느 정도 추정할 수는 있다. 그런데 지역, 세대, 성, 시간(선거)은 객관적이지만 이념 성향을 알 수 있는 통계는 없다. 정당과 후보에 대한 교차 투표층과 투표를 하기도 하고 (실망이나 무관심 등 여러 가지 이유로) 안 하기도 하는 유권자는 실재하지만 그 이유는 이념 성향으로만 재단할 수는 없다.

백서는 다양한 얼굴을 가진 교차 투표층을 가치·이념만 식별하는 편광 안경으로 현실을 보았다고 할 수 있다. 그나마 가치·이념도 성장-복지, 안보-평화(대북 유화), 자본-노동, 경제자유화-경제민주화, 대한민국 건국, 산업화, 민주화 역사에 대한 긍정(빛 주목)과 부정(그늘 주목), 변화에 대한 태도에서 온건-급진 등 다양한 요소를 종합적으로 조망하지 않고 극히 일부만 보았다. 중도층이라는 프레임으로 보니, 가치·이념 못지않게 큰 영향을 발휘하는 이익·지역을 놓쳐 버렸다. 단적으로 호남 유권자 다수가 민주당에 몰표를 보낸다고 해서 진보 성향이 강한 것도 아니며, 영남 유권자 다수가 새누리당-자유한국당-미래통합당-국민의힘에 몰표를 보낸다고 해서 보수 성향이 강한 것도 아니다.

'①중도층 지지 회복 부족'은 다양한 스펙트럼을 가진 교차 투표층을 극우-우-중도-좌-극좌라는 이념의 편광 안경으로 본 소치이다. 그 실체도 모호한 극우와의 절연을 통해 중도적 정체성을 정립하려는 시도는 적과 백만 겨우 구분하는 정치적 색맹의 행태가 아닐 수 없다. 교차 투표층에 큰 영향을 미치는 이익과 호오=매력을 놓쳤고, 이념 측면에서도 보수의 강점을 키우고, 진보의 약점을 폭로하고, 보수의 약점을 줄이는 전략을 제대로 구사하지 못하였다. 강점은 더 옳고, 더 갈급하게 느껴지는 가치이고, 약점은 그 반대이다. 이는 시대에 따라 달라지는 것인데 3부 2장의 가치 포트폴리오 전략에서 자세하게 설명할 것이다.

『코끼리는 생각하지 마』의 저자이자 미국의 언어학자 조지 레이코프는 "정치에 '중간층'이나 '중도층'은 없으며, 단지 '이중개념주의자'들이 있을 뿐이다"라고 하였다. 그에 따르면 스윙 보터는 정치적으로는 보수적이지만 사업할 땐 진보적인 식으로, 삶의 어떤 부분은 보수적이고 또 다른 면은 진보적인 사람들이 선거에서 '스윙 보터'로 나타난다는 것이다. 김종인 등 중도층 지지를 회복하려고 노력하는 사람들도 '이중개념주의자'의 이념과 호오 감정에 영합하려 하였다. 그래서 극우와 절연하고, 경제민주화와 기본소득을 고창하고, 5.18 묘역 퍼포먼스를 한 것이다. 문제는 이렇게 하여 끌어오려고 하는 사람들은 민주당과는 실개천을 사이에 두고 있다면, 국민의힘과는 한강을 사이에 두고 있다는 사실이다. 스윙 보터를 국민의힘의 강점을 부각시켜 끌어오는 것이 아니라 자신의 약점을 말로 덮어서, 즉 민주당의 가치를 전향적으로 수용하여 끌어온다는 전략 자체가 원초적 한계를 가지고 있다고 보아야 한다.

레이코프는 이들 스윙 보터를 효과적으로 공략하기 위해서는 자신에게 유리한 프레임으로 논쟁을 벌여야 한다고 주장했다. 보수 프레임으로 논쟁을 주도한다면 이중개념주의자들은 보수 진영으로 견인이 된다고 하였다. 한편 스윙 보터를 공략하기 위해 딕 모리스의 경우처럼 좌파도 우파도 문제 제기하기 어려운 제3

의 생활적인 이슈를 제기하여 타깃층을 공략하는 방법도 있다. 딕 모리스는 이를 '트라이앵글 전략'이라고 불렀다. 반면, 공화당 부시의 전략가 칼 로브는 보수 가치를 강화하고 이를 통해서 보수주의자 중 선거에 무관심하거나 투표에 참여하지 않는 유권자들을 선거에 끌어들이는 전략을 구사했다. 최근 미국 대선에서 트럼프 캠프는 '크리스마스를 돌려드리겠습니다'라는 이슈로 전통적인 기독교인들을 투표장으로 끌어들이고, 민주당의 주요 지지 기반이었던 미국의 러스트벨트 지역의 근로자들을 불법 이민자 이슈를 제기하여 자신의 지지 기반으로 만드는 것에 성공했다. 이는 프레임을 주도하여 지지자를 획득한 대표적인 사례이다.

김종인은 레이코프처럼 보수 프레임으로 논쟁을 주도한 것도 아니요, 딕 모리스처럼 트라이앵글 전략을 구사한 것도 아니요, 칼 로브처럼 보수 가치를 대중에게 어필한 것도 아니었다. 선거 전략 측면에서 김종인은 큰 오류를 범하고 있는 것이다.

막말 논란? 책임 전가의 전형

『총선백서』에서 패배 원인 2위, 사실상 1위로 지목된 '막말 논란'은 '막말' 그 자체가 문제인지, '막말 대처'가 문제인지부터 따져야 한다. 최고위원 대부분(황교안, 심재철, 김영환, 이준석, 신보라 등)이 지역구 후보로 정신없이 뛰는 가운데 총선 기간 중에 어렵게 정족수를 채워 최고위원회가 두 차례나 열렸는데, 이는 김종인의 지시에 사전 투표일(4. 10) 하루 전 김대호 후보 제명(4. 9)과 차명진 후보 제명(4. 12)을 의결하기 위함이었다.[2] 그 바쁜 와중에 최고위를 두 차례나 열어 이런 결정을 했다는 것은 후보 제명에 엄청나게 큰 의미를 부여했다는 것을 의미한다. 그런데 백서는 두 후보 제명에 대해서는 백서 특위의 평가나 그 결정에 참여한 최고위원들의 평가를 싣지 않고, 일부 언론의 해석(풀이)만 실었다.

　　언론들은 '통합당이 이처럼 발 빠르게 초유의 조치인 제명을 결정하고 나선 것은 후보의 발언이 총선 전체 판세에 악영향을 미칠 가능성이 크다는 위기의식이 작동한 데 따른 것'으로 풀이했다. (『총선백서』 34쪽)

　차명진 후보에 대해서는 '탈당 권유'라는 제명보다 낮은 수위의 징계를 한 이유에 대해서 '이런 의견도 있었다'는 식으로 윤리위 결정을 해명했다.

　　(차명진) 후보의 막말 논란에 대한 당의 우왕좌왕하는 모습은 보수 통합 과정에서 중도층의 표심을 잡기 위해 '좌클릭'을 거듭해 온

---

2) 김대호의 경우 윤리위 재심을 건너뛰었으나 효력정지가처분은 기각되어 본안 소송에 들어갔고, 차명진은 윤리위 의결 자체를 건너뛰는 바람에 효력정지가처분이 인용되었다.

통합당이 정치적으로 민감한 사안인 세월호 문제를 건드린 후보를 제명할 경우 극우 성향의 집토끼를 잃을 수 있다는 불안감이 반영되었기 때문이라는 의견도 있었다. (『총선백서』 35쪽)

백서는 민주당의 막말이 이슈화되지 않은 것을 아쉬워한다.

막말 프레임 대결에서 여당 대표의 '초라한 부산' 발언이나 여당 세종 출마자의 '아내 두 명' 발언이 충분히 막말로 해석될 여지가 있었으나, 효과적으로 부각시키지 못하는 모습을 보인 것은 많은 아쉬움을 남긴다. (『총선백서』 36쪽)

그런데 이는 민주당 후보 및 대표(이해찬)의 막말이 심하지 않아서가 아니다. 언론 매체가 친여적이어서도 아니요, 미래통합당의 공격이 약해서도 아니다. 그것은 민주당이 막말 논란 후보를 제명하거나 '대국민 사과' 퍼포먼스로 받지 않았기 때문에 큰 기사거리가 되지 못하였을 뿐이다. 이 사건은 총선 선거운동 기간 중(2020. 4. 7., 10~12시) 지역 선관위가 주최한 국회의원 후보 초청 정책토론회에서 녹화와 송출을 맡은 지역 유선방송사(현대 HCN관악방송)가 이틀 뒤(4월 9일 18시부터) 관악구 유권자들에게 편집 없이 송출하기로 한 두 시간 분량의 토론회 영상을, 토론회 직후 불법적으로 빼내어 3분 분량의 뉴스로 만들어 방송사

블로거에 올려 놓았고(4월 7일 15시 27분), 이를 YTN, MBC 등 공영방송사가 이 블로거 영상을 내려 받아 약간의 편집 후 대대적으로 보도하자 김종인 당시 미래통합당 총괄선대위원장이 즉각 제명을 지시하였고, 그 다음날 아침에 징계위(윤리위)를, 자정에 최고위를 열어 제명을 의결한 것이다. 이 과정에서 징계 당사자에게 소명 기회도 주지 않았고, 당헌당규에 규정된 재심 절차도 건너뛰었다. 재심은 선관위에 대한 제명 의결 통보=후보 등록 취소(4. 9) 이후인 4월 10일 아침에 열렸다.

제명 사유가 된 발언은 지역 장애인 체육시설 건립에 대해 5명의 후보가 입장을 밝히는 과정에서 김대호 후보의 '나이가 들면 누구나 다 장애인'이 되니 '장애인과 비장애인이 모두 이용하는 다목적 시설이 돼야 한다'는 발언이었다. 녹화 및 송출 주관 방송사는 이를 '노인 비하' 발언으로 규정하고, '이틀 연속 세대 비하' 발언 후보라고 매도하였다. 이는 언론이 악마의 편집을 통해 후보의 발언이나 이미지를 크게 왜곡시킬 가능성을 차단하기 위한, 공직선거법 제82조 2의 ⑬항 '방송사업자·중계유선방송사업자 및 인터넷언론사는 (…) 대담·토론회를 중계방송할 수 있다. 이 경우 편집 없이 중계방송하여야 한다'는 규정을 정면 위반한 것이다. 어쨌든 헌정 사상 초유의 투표일 하루 전의 제명 사건과 김종인의 사과·사죄 퍼포먼스로 인해, 대중의 이목은 막말 후보 제명에 집중되면서 정권 심판 프레임이 막말 심판 프레임으로 바뀌어 버렸다. 한편, 당의 비겁성과 무도함이 크게 불거지면서 미래통합당에 대한 뿌리 깊은 비호감을 증폭시켰고, 결과적으로 4.15총선 참패의 주요한 원인 중의 하나가 되었다.

사실 역대 선거 경험으로 미루어 보면 후보들의 과거 막말이나 선거 기간 중의 막말이나 관영화된 언론의 악의적 편집 등은 일종의 상수이다. 앞으로 총선을 100번을 치러도 막말 논란이 없는 선거는 있을 리가 없다. 특히 헤아릴 수 없이 많은 막된 행동(폭정과 실정, 위선, 독선 등)으로 인해 쟁점을 호도, 희석시키고자 하는 문 정권과 민주당 입장에서는 막말 시비는 절대적으로 필요한 것이었다. 앞으로도 마찬가지이다. 그런 점에서 코로나 사태를 빙자한 막판 현금 살포와 막말에 대한 어리석은 대처는 장수(지도부)의 전투 실패보다 더 엄중히 책임을 물어야 하는 경계의 실패라고 볼 수 있다.

어쨌든 막말인지조차도 의심스러운 것을 거대한 막말 논란으로 만든 것은, 정치면 1, 2단 가십성 기사를 1면 톱으로 만든 최악의 자충수 내지 자살골이었다. 선거 막판에 '정권 심판'이 아니라 '막말 심판(처리)'을 큰 이슈로 만들어 버렸기 때문이다. 그런데 왜 이런 자충수를 두었을까?

근인近因을 찾는다면 김종인 총괄선대위원장의 패턴화, 고착화된 경험과 관련이 있다. 김종인, 황교안은 물의를 일으킨 후보를 제명하여 미래통합당에 대한 지지와 신뢰를 제고하려 했음이 분명하다. 이는 2016년 더불어민주당 선대위원장 시절에 이해찬, 정청래, 정봉주 공천 탈락 효과를 기대했기 때문이다. 이는 김종인이 2020년 3월에 출간한 『영원한 권력은 없다』(시공사)에서 막말 후보에 대한 그의 인식과 전략으로부터 유추할 수 있다.

그저 '야당 체질'인 사람들, 막말이나 일삼고 가벼워 보이고 실력 없는 정치인을 공천에서 배제하는 데 주력했다. 그런 방면에서 유명한 몇몇 정치인이 공천에 탈락하니 이슈가 되었고 그것이 언론을 통해 알려지면서 민주당을 새로운 시선으로 바라보는 국민이 늘어나기 시작했다. (앞의 책, 372쪽)

국민에게 믿음을 주지 못하고 새누리당에게 공격의 빌미나 제공하던 저질 정치인들을 정리하면서 민주당이 연일 화제를 모으고 있는 사이, 새누리당은 (…) 공천 주도권을 놓고 온통 집안 싸움질만 계속했다. (…) 한쪽은 '감동 공천', 다른 한쪽은 '막장 공천'이라고 했다. 선거는 이미 그때 결론이 나 있던 셈이다. (앞의 책, 375쪽)

실사구시 능력이 떨어져 과거 경험 내지 트라우마에 사로잡힌 80세 노인 김종인은 전혀 다른 상황, 전혀 다른 사안을 동일하게 취급한 것처럼 보인다. '자라 보고 놀란 가슴 솥뚜껑 보고 놀란 가슴'으로 일을 처리했다. '자라'는 2004년 정동영, 2012년 김용

민 막말 파동일 것이다. 김종인은 크게 기울어진 언론 환경, 즉 관제화된 언론이 지배하는 언론 환경을 의식하지 못하였다. 따라서 YTN 등 관영 언론들의 악의적 편집(보도)에 대해 진위도 전혀 확인하지 않았고, 방어와 해명도 하지 않았고, 이를 '유권자들이 판단할 일'이라며 일개 지역구 이슈로 덮지도 않았다.

보수·자유·우파의 정체성과 매력의 원천?

여기까지가 막말 대응 실패의 근인近因이라면 원인遠因은 보수의 정체성과 매력을 탁월한 콘텐츠(비전, 정책, 이슈)와 진정성과 일관성 있는 행동에서 찾지 못한 것이다. 자신의 간판 상품이 변변치 못하였기에 말의 품격 따위에 더 심하게 집착한 것이다. 이는 주류, 보수, 자유, 우파 정당의 사상적·도덕적 자부심 및 동지적 연대 의식 부재와 관련이 있다. 사실 진보의 뻔뻔함과 보수의 비겁성의 뿌리는, 진보는 사상적·도덕적 자부심 및 동지애가 과도한 반면 보수는 과소한 데 있다. 특히 김종인과 황교안은 개인 이력상 자부심과 동지애가 더 과소한 것처럼 보인다.

이 근저에는 1987년 이후 주류 보수가 주도한 건국-산업화의 그늘을 해소하는 것이 진보와 보수를 초월하여 공유하는 시대정신처럼 된 현실이 있다. 다시 말해 주류 보수의 결함이나 약점을 해소하고 비주류 진보의 강점 내지 철학·가치·정책, 즉 노동권 강화, 복지 강화, 적자 재정, 지역 균형 발전, 사법 개혁, 경제민주화와 재벌 개혁을 통한 불평등 양극화 해소, 남북 화해 협력 등을 흡수하는 것이 지난 30여 년의 시대정신처럼 되었다는 얘기이다. 그래서 주류 보수의 비주류 진보 추수, 추종하기가 보수 개혁의 핵심인 것처럼 여겨졌던 것이다.

하지만 지금은 비주류 민주·진보의 철학·가치·정책·행태가 대한 민국의 핵심 가치를 무차별 파괴하고 있는 지경에 이르렀기에 오히려 주류 보수의 그것이 각광을 받는 시대가 되었다. 밀물과 썰물이 바뀐 것이다. 그럼에도 불구하고 김종인의 늙은 뇌는 이를 잘 인지하지 못한다.

김종인과 황교안이 주도한 김대호, 차명진 제명은 '꼬리 잘라 몸통 보존하기' 내지 '집중 공격을 받고 있는 동지의 피로써 보수의 얼룩 지우기'를 통한 지지율 제고 전략 차원에서 결행되었다고 볼 수 있다. 하지만 자른 것은 꼬리가 아니라 몸통이나 다름 없는 정치 도의와 동지애였다. 죄(물의)와 벌(징계)의 균형이 현저히 무너지면서 보수에 대한 비호감이 더 증폭되었다. 그런 점에서 김종인이 칼을 휘둘러 솟구치게 한 피는 군율을 위반한 마속에 대한 일벌백계의 피가 아니라 진영 전체에 대한 백해무익한 자해의 피였다. 그럼에도 백서는 막말 논란에 대해 '당 지도부가 보여 준 미온적 대처와 공감 능력 부재도 많은 이들로부터 질타를 받기에 충분했다'(『총선백서』 35쪽) 는 얘기와 '이에 대해 일각에서는 지도부의 즉각적이고 단호한 처리에 아쉬움이 남는다는 의견을 보이면서도, 정치적 사안을 법률적으로 처리하려는 등 미숙함을 여실히 드러냈다는 비판도 내놓았다'는 정반대의 얘기를 병기하여, 지도부의 미온적 대처와 공감 능력 부재가 문제인지, '즉각적이고 단호한 처리'와 '정치적 사안을 제명(후보 등록 취소)이라는 법률적 처리'로 풀어 간 것이 문제인지를 헷갈리게 서술하였다.

공천 실패와 추태

4.15총선과 관련하여 가장 많은 사람들이 지목하는 패인은 공천 실패와 추태이다. 백서는 '3.최선의 공천 이루어지지 못함'이라는 제목 하에 다음과 같은 소제목으로 이를 서술하였다. '공천 번복/ 원칙 없었던 공천/ 실패한 퓨처 메이커/ 늦어진 공천/ 원외 당협위원장 65.5% 무더기 공천 탈락/ 공천 평가'
이 핵심은 '공천 평가'(『총선백서』 48~50쪽)에 집약되어 있다.

> 지난 20대 공천 때도 경험한 공천 파동은 개선의 여지없이 21대로 이어졌고, 이러한 지도부의 모습에 유권자들은 등을 돌렸다. '공천 파동'에 대해 출마자 146명은 두 번째, 취재 기자단은 세 번째 높은 패배의 요인으로 지적했다. (『총선백서』 48쪽)

그런데 대부분의 평가는 익명의 발언을 소개하는 것으로 일관한다. 예컨대 문장의 끝은 '지적도 있다' '분석도 있다' '반응도 있었다' '(누군가가) 평가했다' '비판도 나왔다' '지적이 지배적이다' '풀이된다' '논란이 있었다' 등으로 끝난다. 구체적인 내용은 『총선백서』에 다음과 같이 나온다.

지역 사정을 감안하지 못한 후보자 공천이 가장 큰 문제로 떠올랐는데, 연고가 없는 지역에 뜬금없는 후보를 공천하면서 유권자들과의 공감대 형성에 실패했다는 지적도 있다. 또한 최근 젊은 층의 유입이 많아진 지역적 특성을 고려하지 못한 채 정권 심판이라는 중앙당의 캠페인을 주입하면서 악영향을 끼쳤다는 분석도 있다.(48쪽)

공관위의 대대적 현역 물갈이는 성공했지만, 후보 경쟁력에 대한 우려의 목소리가 나왔다. 불출마한 한 중진 의원은 '백화점으로 치면 이월 상품 정리는 잘됐는데, 구매 욕구를 자극할 신상품 구비가 안 됐다'고 평가했다. 수도권의 현역 의원은 '2016년 비합리적, 비이성적 공천 파동에 비하면 제대로 공천이 된 것은 맞지만, 통합 과정에서 더 많은 사람을 끌어오지 못한 것은 아쉬운 대목'이라고 평가했다. 이와 함께 공관위원장의 권한 행사도 지적되었다. 그러나 공관위원장은 당대표가 선정했다. 그러면서 공천의 전권을 넘겼고 전권을 이양 받은 공관위원장은 공관위원을 대부분 구성하였다. (…) 공관위가 인재 영입의 권한까지 행사하다가 최고위와 충돌한 점은 정치적 조율의 부재라는 많은 비판을 받았다. (…) 당대표도 정치에 입문한 경력이 일천하고 선거 경험이 없어 당을 장악하는 능력과 강력한 리더십이 부족하다는 비판도 나왔다. 최고위원회의에서는 일부 최고위원들이 공천의 난맥상을 지적하면서 고성이 오가기도 했다.(49쪽)

미래한국당 비례대표 공천의 경우 이번 선거에서 '자매 정당'이라고는 하나 미래통합당과 각자 치른 선거였다는 지적도 나왔다. 이런 상황은 단위 지역에 국한되어 영향을 미치는 것이 아닌, 서울을 비롯한 수도권 지역 사회에 적지 않게 영향을 받았을 것이다. 비례대표 공천이 완전 뒤바뀌면서 충격을 한 번 받은 셈이다.(49쪽)

민주당은 정말로 소위 자기 세력 핵심들을 공천함으로써 결집 세력을 확장해 나가고 있는데, 미래통합당은 영입 인재들이 1차 공천 발표 명단에서 당선권에서 제외되고 그것을 언론이 제기하고 이런 파동을 겪으면서 오히려 패착을 둔 것으로 풀이된다. 공천은 당의 선거 전략을 구현하는 작업이다. 이번 총선에서 미래통합당과 미래한국당은 젊은 세대와 중도층 접근 전략에 초점을 맞췄어야 했고, 공천도 거기에 부합했어야 했다. 하지만 결과적으로 둘 다 실패했

다는 지적이 지배적이다.(50쪽)

또한 백서에는 '원칙 없었던 공천'에서 공천에 대한 주요한 언급이 있다.

황교안 당 대표는 김형오 공천관리위원장을 임명하면서 '혁신 공천, 공정한 공천, 이기는 공천'을 천명하였지만, 실제 (…) 원칙이 제대로 적용되었는지에 대하여는 논란이 있었다. 미래통합당 중진의원들은 황교안 대표의 종로 출마를 시작으로 3선 이상의 중진 의원들이 일찌감치 험지 출마를 선언하는가 하면, 컷오프(공천 배제)된 중진 의원들이 험지로 방향을 선회하는 경우도 있었다. 인천, 충북, 경북 지역구 등의 중진 의원 험지 재배치는 참신한 인물을 찾지 못하고 현역 또는 전직 의원들로 '돌려막기' 하는 것 아니냐는 지적도 나왔다. 이러한 중진 공천은 좋은 결과를 가져오지 못했다. (…) 후보를 공천함에 있어 검증의 명확성과 투명성에 대한 이견이 제기되었다. 공천의 기본은 공천의 사유와 원칙 등 공정성이 담보되어 발표됨이 마땅하나 기준의 모호함 등으로 선거를 패인으로 몰고 갔다는 의견도 나왔다. 공천한 사람에 대해 '왜 공천했는지' (1차, 2차, 3차 식으로 툭툭 발표하고) 공천 이유를 밝히지 않아 '사천 논란'으로 번졌다. 마찬가지로 비례대표 공천에 대한 이유도 명확하게 밝힌 바 없었다.(44쪽)

3절
선거 평가의 기본

별 이견이 없는 4.15 총선 평가의 대강은 획득한 의석 수와 후보 및 정당 득표율을 근거로 민주당 압승=미래통합당 참패로, 더 나아가 진보·민주·노동·평화 진영의 압승=보수·자유·애국·우파 진영의 참패로 규정한다. 이론異論이 별로 없는 참패의 근인은 코로나 사태라는 미증유의 국난 상황, 총선 직전의 현금(재난지원금 등) 살포와 이에 대한 부적절한 대처이다. 또 하나는 막말(?) 파동에 대한 어리석기 짝이 없는 대처이다. 그 외에도 주요하게 거론되는 것은 황교안의 리더십(꼼수, 결정 장애)과 너무 늦은 선대위 구성과 부실한 선거 준비3) 등이다. 참패의 원인遠因은 공천 실패와 공천 과정의 추태, 박근혜 탄핵 미봉, 당에 대한 높은 비호감도 등이다. 이를 구체적으로 살펴보자.

정당 득표율

중앙선관위가 제공하는 선거 데이터는 역대 선거별, 지역(선거구-선관위)별, 정당별, 후보별 유효 득표율과 총유권자 수, 투표자

---

3) 선대위도 너무 늦게 출범했고, 그나마 3월 28일부터 합류한 김종인에게 과도하게 의존하였다.

수(투표율), 무효표 등이다. 중앙선관위 홈페이지에는 후보의 개인 신상과 공약 등도 게시되어 있다. 한편 언론과 여론조사 기관, 정당 참모부와 선대위 등에서는 다양한 예측(여론) 조사 데이터도 있다. 당연히 공식 발표된 데이터도 있고, 깜깜이 기간 중의 미발표 된 데이터도 있고, 전략 전술 수립(판세 분석)차 조사된 데이터도 있다.

　어떻게 해도 검증 자체가 어려운 선거 패인이나 승인을 따지기 전에 선거 데이터의 상관 관계와 인과 관계(원인 분석 등)부터 따지는 것이 기본이다. 다시 말해 후보·정당·지역 득표율과 예측 및 실제(결과) 평가가 기본이다. 수많은 후보의 당락을 가른 후보별 득표율은 보수 5당(미래한국당, 우리공화당, 친박신당, 국민의당)의 정당 득표율 합과 진보 5당(더불어시민당, 열린민주당, 민생당, 민중당, 정의당)의 정당 득표율 합과 강한 상관 관계를 가진다. 딱 하나의 결정 변수만 꼽으라면 미래한국당의 정당 득표율과 더불어시민당+열린민주당의 정당 득표율이다. 이는 17개 광역 시도별로, 253개의 개별 지역구별로 보아도 마찬가지이다. 정당 득표율 합이 독립 변수이고 후보 득표율은 종속 변수이다. 호남 16개 선거구나 서울 관악갑처럼 미래통합당 후보가 없다고 해도 정당득표율은 큰 변화를 보이지 않기 때문이다. 일반적으로 후보 당락을 좌우하는 변수는 구도>인물>이슈로 알려져 있고, 구도를 결정하는 핵심 변수 중의 하나가 소속 정당(이미지, 가치 등)과 프레임(정권 심판

등)으로 알려져 있는데, 4.15총선은 과거에 비해 정당이 큰 영향을 미친 것이 분명하다. 단적으로 중앙선거관리위원회가 총선 직전에 실시한 제2차 유권자 의식 조사(2020년 4월 4~5일)에 따르면, 후보를 선택하는 데 고려하는 사항으로 '소속 정당'이 31.1%로 4년 전 18.9%에 비해 12.2%p 높았다. 그런데 실제로는 소속 정당이 이보다 훨씬 결정적인 변수였던 것으로 보인다. 세간의 인물 평가(이른바 함량, 역량)로 보면 민주당 후보(고민정, 이수진)에 비해 월등한 오세훈, 나경원 후보의 낙선이 그 증거이다.

미래통합당 당선자의 대부분은 공천이 곧 당선으로 이어지는, 이른바 '보수 텃밭' 출신들이다. 미래한국당 정당 득표율은 경북 56.76%(보수 5당 합 67.0%) 대구 54.79%(보수 5당 합 68.0%), 경남 44.6%(53.0%), 부산 43.75%(52.8%), 울산 39.59%(48.6%), 강원 39.12%(48.4%), 충북 36.26%(45.7%), 충남 35.4%(45.7%), 서울 33.1%(44.3%), 대전 32.26%(43.7%), 경기 31.39%(41.8%) 인천 31.32%(41.2%), 제주 28.23%(36.5%), 세종 25.57%(37.4%), 전북 5.73%(11.7%), 전남 4.18%(9.5%), 광주 3.18%(9.0%) 순이다. 수도권 주요 지역만 보면 서울 강남구 47.46%(보수 5당 합 59.94%), 서초구 45.41%(58.18%)는 대구와 부산 사이에 있고, 서울 용산구 38.19%(49.15%) 송파구 37.86%(49.72%), 경기 성남분당구 37.29%(49.74%), 경기 이천시 38.39%(48.02%)는 울산, 강원보다 약간 나쁜 수준이다. 경기 포천시 39.95%(49.71%)-가평군

45.73%(55.44%)-연천군 42.82%(52.67%)은 부산과 비슷한 수준이다. 나쁜 표밭에서 개인의 탁월한 수완과 매력으로 당선된 후보는 단 한 명도 없다. 서울 광진구을의 오세훈 후보가 보수 5당 합에 비해 +6.19%p를 더 얻어 선전을 했지만, 표밭의 한계를 돌파하지 못하였다. 황교안의 경우 종로구의 보수 5당 합(43.88%)에 비해 3.91%p 낮은 39.97%를 득표하였다. 선거 승패를 가르는 수도권 격전지=험지에 출마한 당 리더급 후보는 전멸하였다.

〈2020. 4. 15 총선 정당별 득표 수와 유효 득표율〉

	미래 한국당	우리 공화당	친박신당	기독자유 통일당	국민의당	보수 5 당 합
정당 득표수	9,441,520	208,719	142,747	513,159	1,896,719	12,202,864
유효 득표율	33.84%	0.75%	0.51%	1.84%	6.80%	43.74%

	더불어 시민당	열린 민주당	민생당	민중당	정의당	진보 5 당 합
정당 득표수	9,307,112	1,512,763	758,778	295,612	2,697,956	14,572,221
유효 득표율	33.36%	5.42%	2.72%	1.06%	9.67%	52.23%

〈2016. 4. 13 총선 정당별 득표 수와 유효 득표율〉

	새누리 당	더불어 민주당	국민의 당	정의당	기독 자유당	노동당	녹색당	민중 연합당
정당 득표수	7,960,272	6,069,744	6,355,572	1,719,891	626,853	91,705	182,301	145,624
유효 득표율	33.50%	25.54%	26.74%	7.23%	2.63%	0.38%	0.76%	0.61%

전체적인 정당 득표율만 보면 2016년 새누리당의 정당 득표(33.50%)는 2020년 미래한국당(33.84%)으로 거의 이전되었다. 하지만 더불어민주당은 2016년 25.54%에서 38.78%(더불어시민당+열린민주당)로 대폭 상승하였다. 이는 2016년 국민의당 득표율(26.74%)의 50% 가량을 흡수했기 때문일 것이다. 나머지 50%는 국민의당, 민생당, 정의당이 나눠 가졌다고 보아야 한다. 왜 이런 결과가 나왔는지가 총선 평가의 핵심일 텐데, 백서는 이를 중도층 지지 회복 부족으로 싸잡았다.

호남 득표율

선거 결과에 대해 음미해야 할 것이 많지만 빼놓을 수 없는 것은 호남(광주·전남·전북)에서 미래통합당·국민의힘과 미래한국당이 받아 든 저조한 정당 득표율과 후보 득표율이다. 광주, 전남, 전북의 미래한국당 득표율은 각각 3.18%, 4.18%, 5.73%였다. 보수 5당 합은 9.0%, 9.5%, 11.7%였다. 하지만 호남 지역 미래통합당 후보 득표율 합은 2%에 불과하였다. 이는 호남 16개 지역구에서 후보 자체를 내지 못하였기 때문이다.[4] 이는 선거(공천) 전략의 실패일 뿐 아니라 새누리당, 자유한국당, 미래통합당으로 이어지

---

4) 서울의 경우 관악구 갑 후보를 제명하지 않았다면 최소 5만 표는 득표하여 서울의 통합당 득표율 합은 43%에 육박했을 것이고, 무효표가 12,601표(유효표의 8.44%)가 나오지도 않았을 것이다.

〈2020. 4. 15 총선 권역별 지역구 총투표자 수와 득표율〉

	지역구 총투표자수	더불어 민주당	미래 통합당	민생당	정의당	기타 무소속
전국 총계	9,121,467	49.9%	41.5%	1.4%	1.7%	5.5%
서울	5,773,098	53.5%	41.9%	0.4%	1.2%	3.0%
경기·인천	8,775,209	53.7%	40.7%	0.4%	2.2%	2.9%
대전·세종· 충남북	2,968,947	51.0%	45.2%	0.3%	1.1%	2.4%
광주·전남북	2,908,934	**68.5%**	**2.0%**	11.6%	1.9%	15.9%
대구·경북	2,903,091	27.1%	60.7%	0.1%	1.4%	10.7%
부산·울산· 경남	4,569,553	40.6%	52.6%	0.3%	1.8%	4.6%
강원·제주	1,222,635	47.4%	42.1%	0.1%	1.2%	9.2%

는 보수 정당의 몇 년에 걸친 대호남 이미지 관리의 실패이자 호남민들의 독특한 표심을 엿볼 수 있게 한다.

선거 결과로 미루어 볼 때 호남민들은 국민의힘(미래통합당+미래한국당)을 급격히 무너지고 있는 국가 시스템을 정상화할, 다시 말해 대한민국 공동체의 지속가능한 생존과 번영을 담보할 국가 시스템(철학, 가치, 제도, 정책 등)을 만들고 운영할 의사와 능력 있는 정치 세력으로 보는 것이 아니라 자기 자신들과 영남민과 부자 강남민의 기득권을 유지하려고 하는 사리사욕으로 뭉친 존재로 보는 것처럼 보인다.[5] 물론 호남민들 역시 지속가능하고 보편타당한 국가 시스템에 대한 관심보다는 지역민과 지역 엘리트들의 특수 이익(공직, 예산, 기회 등)에 관심이 상대적으로 더 큰 것처럼 보인다.

선거 과정에서 미래통합당 지역구 후보들도 문 정권과 민주당에 의해 파괴당한 국가 시스템 정상화 내지 담대한 국가 비전보다는 지역 민원 해결(지역 개발) 공약을 앞세웠다. 그런데 지역 개발은 대통령-행정부-지자체장으로 이어지는, 예산 집행권이 있는 민주당 후보에게 밀릴 수밖에 없다. 고민정, 이수진 같은 약체 후보가 나왔다고 해도 마찬가지이다. 그만큼 중앙선대위가 주도하는 메시지나 프레임이 중요하다는 얘기이다. 하지만 이들의 중요성은 널리 공유되지 않았다.

대통령 직무 평가와 여론조사

정당에 대한 지지율 조사와 대통령 직무 평가(잘하고 있다, 잘못하고 있다)는 몇 년에 걸쳐 주간 단위로 해왔고, 후보에 대한 여론조사는 선거에 임박해서, 그나마 여론조사 공표 금지 기간 전에

---

5) 한겨레 성한용 기자는 보수를 분단 기득권, 자본 기득권, (영남)지역 기득권 세력으로 본다. 그 왼쪽에는 친일 독재 기득권 세력으로 보는 세력이 있을 것이다. 성한용은 유럽, 미국, 일본 등 문명국의 북한, 북핵 인식과 동서고금의 외교 안보 통일의 상식을 완전히 배반하고 있으며, 노동 개혁, 공공 개혁, 규제 개혁을 자본 기득권의 유지 전략으로 볼 것이다.

주로 관심 지역을 중심으로 해왔다. 미래통합당 후보가 출마한 지역구 전체에 대한 여론 조사(판세 조사)는 여의도연구원이 3월 말경 한 번 하고(1차 조사), 이후는 3차에 걸쳐 경합, 관심 지역을 중심으로 해왔다. 하지만 이 데이터는 아직도 대외비 상태이다. 아래는 리얼미터의 정당 지지도 조사이다.

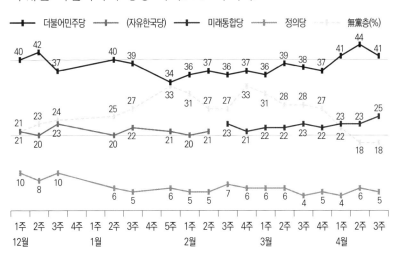

2020년 4월 3주 (13~14일)		조사완료 사례수 (명)	가중적용 사례수 (명)	현재 지지하는 정당 (정당 지지도)										
				국민 의당	더불어 민주당	미래 통합당	민생당	민중당	열린 민주당	우리 공화당	정의당	친박 신당	기타	무당층 無黨層
전체		1,004	1,000	4%	41%	25%	0.4%	0.8%	3%	0.5%	5%	0.1%	2%	18%
지역별	서울	199	193	5%	36%	29%		0%	2%	1%	3%		1%	22%
	인천/경기	312	309	4%	41%	23%		1%	3%	1%	7%		3%	17%
	강원	32	30	-	-	-	-	-	-	-	-	-	-	-
	대전/세종/충청	101	105		42%	25%			1%	1%	2%	1%	2%	25%
	광주/전라	100	99	2%	57%	6%	4%	2%	7%		4%		1%	16%
	대구/경북	100	99	5%	27%	38%			2%		7%		3%	18%
	부산/울산/경남	148	153	6%	39%	28%		1%	3%		7%		4%	14%
	제주	12	13	-	-	-	-	-	-	-	-	-	-	-
성향별	보수	279	268	3%	19%	55%		0%	2%	1%	3%		3%	13%
	중도	254	255	7%	35%	19%	2%		2%	1%	5%	0%	2%	27%
	진보	333	337	2%	67%	5%		1%	6%		9%		3%	8%
	모름/응답거절	138	140	4%	30%	25%		1%	1%		1%		1%	38%
대통령 직무	긍정 평가자	593	593	2%	64%	4%	0%	1%	5%		8%		2%	14%
	부정 평가자	339	335	7%	5%	61%	1%	0%	1%	2%	1%	0%	3%	20%

아래는 한국갤럽의 여론 조사와 대통령 직무 수행 평가이다.

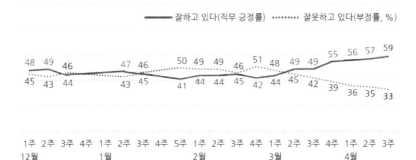

이 조사들은 정권 심판론(정부 견제를 위해 야당 후보가 많이 당선돼야 한다)이 큰 호소력을 가지지 못했다는 것을 말해 준다. 하지만 민주당의 압승이나 미래통합당의 지지율 급락의 이유를 설명해 주지는 못하고 있다. 이 조사들과 실제 득표율은 민주당 지지율에 분명히 거품이 있고, 야당에 숨은 표가 있음을 말해 준다. 코로나 사태로 인한 미증유의 국난(민생 파탄 등) 상황에서 야당의 견제론이 먹히기 힘들다는 것은 놀라운 일이 아니다. 또한 문대통령 직무 수행 평가와 표심의 높은 상관 관계는 선거가 회고적(성과 평가) 투표이자 전망적 투표임을 입증한다. 다시 말해 임기 중반에 치러지는 총선이라 하더라도 향후 누구에게 국가를 맡길 것인가, 누가 더 국난 극복을 잘할까가 중요한 고려 사항이 된다는 얘기이다.

미래통합당의 판세 분석과 결과

2020년 5월 20일 심재철의원실이 주최한 총선 평가 토론회(미래통합당 총선 패배 원인과 대책)에서 발표된 이종인 박사(여의도연구원 수석위원)의 발제에 따르면 3월말 전후한 판세 조사에서는 분명히 해볼 만한 선거(과반 이상 확보)였다고 한다.

> 3월말까지는 해볼 만한 선거였는데, (4월 2일부터 시작된) 선거전에 들어가서 완전히 죽을 쑨 것이다. 선거전에서 완패한 것이다. (이종인)

이종인에 따르면 여의도연구원 판세 분석 조사는 투 트랙(하나는 여연 차원, 다른 하나는 비선 차원)으로 했는데, 1차 조사는 3. 29~30, 2차 4. 5~7, 3차 4. 8~9, 4차 4.10이었는데, 1차 조사에서는 지역구 130석으로 전망됐다. 여기에 근거하여 4. 1~2 박형준 공동선대위원장은 언론에 "수도권 50석 이상 포함하여 지역구 130석"을 전망한다고 밝혔다. 그런데 이종인에 따르면 조사 차수가 늘어남에 따라 판세가 점점 나쁘게 변했고, 특히 4차에서 낙폭이 크게 나왔다.

1차 조사에는 공천 문제, 황교안 리더십, 탄핵 미흡 문제, 정책 공약, 아스팔트 우파들과 절연, 코로나 사태 등이 어느 정도 반영되었다고 보아야 한다. 물론 지지율 하방 압력이 다 사라지지는 않았을 것이다. 그런데 4월 1~15일 사이에 판세가 급전직하한 이유는 수수께끼이다. 공천 추태, 탄핵 미봉, 황교안 리더십 문제 등이 부동층이 본격적으로 마음을 정하는 시기에 와서 지지율 하방(미래통합당 외면) 압력 요인으로 작용하기 시작했다는 것이 중론이다. 그런데 이는 미래통합당이 지역구 150석이 130석으로, 100석으로 떨어진 주요한 원인이겠지만 84석 참패의 원인이라고는 볼 수 없다.

전망치 130석이 100석, 80석으로 급속히 추락한 원인은 4월 초순 이후 김종인, 황교안 등 통합당 주요 지도부의 언행과 집권 세력 및 민주당 지자체장들의 현금(재난기본소득) 살포와 그에 대한 미흡한 대처 등을 빼놓고는 설명되지 않는다. 일자 별로 주요 사건을 나열하면 다음과 같다.

---

4. 5   (4. 6 보도) 황교안의 재난지원금 1인당 50만 원 내지르기.

4. 6   '3040 논리 없고 무지해'라는 YTN 등 관영 언론의 악의적 편집/조작 보도

4. 7   재난지원금 관련 자중지란[6]

4. 7   노인 폄하 발언을 빌미로 한(YTN 보도 뜬 지 1시간 30분 만에) 김종인의 김대호 제명 지시

---

6)황교안의 1인당 50만 원(4인 가족 기준 200만 원) 지르기와 유승민 등 보수 지식 사회의 이유 있는 반대('포퓰리즘 공범 될 수 없어')로 인한 혼선, 이에 따른 국가적 재난 대처 역량에 대한 불신 등.

4. 8   김대호 제명(윤리위 8시 최고위 23시)과 차명진 제명 지시,
        주동식, 황교안 막말도 이슈화.

4. 10   김대호 윤리위 재심과 차명진 1심(탈당 권유) 이후
        차명진을 둘러싼 김종인, 황교안의 막말

4. 13   7세 미만 아동이 있는 209만 가구(400만 명)에 아동수당
        40만 원(총 1조 원) 살포. (계획은 4. 10 발표)[7]

4. 14   차명진 가처분 신청 인용으로 또 빅뉴스화

　선거 일주일 전의 일련의 사건들은 그 전부터 두텁게 형성되어
있던 미래통합당에 대한 실망, 분노, 혐오, 비호감을 증폭시키는
뇌관 역할을 했을 것이다.

공천 실패는 과연 반복되지 않을 수 있을까

　4.15총선 평가 관련하여 이론異論이 거의 없는 참패의 핵심 원
인遠因은 황교안, 김형오, 한선교, 공병호 등이 주도한 공천 실패
와 공천 과정의 추태이다. 백서에서도 이러저러한 추태를 서술하

---

7)정부가 만 7세 미만 아동이 있는 전 가구에 월 10만 원의 아동 수당과 별도로
　40만 원씩 총 1조여 원의 상품권을 주겠다고 발표. 지급 계획은 2월 1차 추경
　에서 결정. 각 가정에 상품권이 전달되는 시점은 총선 이틀 전으로 잡음. 노인
　일자리 사업에 참여하지 못한 65세 이상 52만여 명에게는 3월 임금 27만 원씩
　(총 1,409억 원)을 '선지급' 형태로 4월 10일 그 주에 나눠 주기로 함. http://
　news.chosun.com/site/data/html_dir/2020/04/09/2020040904476.
　html

고 있는데 핵심은 비껴갔다. 황교안 등 당권파는 선공후사의 원칙(선 당의 승리와 후 황교안 대권 입지 확보)이 아니라 선사후공의 꼼수로 공천을 했다는 사실을 서술하지 않았다는 얘기다.

공천 과정의 추태는 2016년처럼 선거 상황을 낙관(야권 분열에 힘입어 새누리당 압승 예상)한 데서 연유한다. 국민들의 거센 정권 심판론을 믿고, 공천이 곧 당선인 지역이 대부분일 것으로 예상했기 때문이다. 사실 역대 선거의 패턴이나 공식에 의하면, 집권 3년 간 보여 준 지독한 위선, 독선, 무능, 분열, 전횡 정치 정도라면 정권 심판론이 먹혔을 것이다. 하지만 탄핵의 멍에를 벗어 던지지 못하고 20, 30, 40세대들에게 온갖 적폐의 원흉으로 여겨지는 미래통합당이 '통합' 외에 새로운 면모를 보여 주지 않았고, 무엇보다도 집권 3년이 안 된 민주당을 정권 심판론 하나 만으로 승리하기에는 역부족이었다. 세대별 득표율은 이를 아프게 보여 준다. 착각(낙관)과 참패의 원인은 좀 더 깊고 먼 데서도 찾아야 한다는 얘기다.

공천 실패에 대해서는 이견이 없지만, 그 구체적인 내용은 각양각색이다. 인물, 공천 시점과 절차(시스템), 공천을 통해 발산한 메시지, 공천 갈등 봉합 방식, 공관위 구성 등 다양하다. 분명한 것은 미래통합당은 공천을 통해 유권자들에게 자신들의 가치, 비전, 정신, 프레임을 제대로 각인시키지 못하였다. 호남 관련 선거 전략은 아예 없었고, 시대착오 586청산과 노동·공공 개혁 메시지도, 탈원전 정책 전환 메시지도 제대로 부각시키지 못했다. 가렴주구와 세금 낭비와 불합리한 규제를 혁파할 유능한 경제(정책) 당이란 이미지도, 청년과 미래 세대에게 기회와 희망이 있는 세상을 책임지는 당이라는 이미지도 제대로 부각시키지 못하였다. 청와대 주도의 울산 선거(2018년 지자체선거) 개입 등 피부에 와 닿는 폭정, 실정, 부정도 제대로 이슈화하지 못하였다. 미래통합당 공관위의 공천 행태는 항공기, 전차, 항공모함, 레이더 등이 총동원된 전격전 전략이 자주 구사되는 2차대전을 1차대전 개념(참호 구축 후 한 뼘 한 뼘 땅 점령하기 전투)으로 치른 셈이다. 이는 미래통합당 공관위와 선대위 핵심 인사들의 전국 선거, 특히 수도권 선거 경험의 부재와 밀접한 관련이 있다. 황교안은 지역구 출마가 처음이고, 공관위와 선대위에서 핵심적인 역할을 한 김형오, 김세연, 박완수, 박형준, 이진복은 부산 경남 지역구 의원 출신들이다. 그래서 상대적으로 전국 선거 경험이 많은(?) 김종인에게 크게 의존했던 것이다. 하지만 김종인은 본선거(4. 2) 일주일 전(3. 27)에야 총괄선대위원장을 맡았다.

진짜 문제는 2016년 총선과 2020년 총선에서 반복된 공천 갈등 및 추태가 향후 총선, 대선, 지선, 재보선 등에서 해결될 것이라고 믿는 사람은 거의 없다는 것이다. 그도 그럴 것이 공천권을 지역(광역, 시당, 선거구) 당원에게 주는 것이 선진 정치의 표준인데, 한국의 양대 정당은 대통령(후보)이나 국회의원(후보)의 일인 또는 과두 지배 체제로 운영되어 왔기에 당원에게 권리와 의무를 별로 부과하지 않았다. 따라서 사적 연고에 크게 휘둘리지 않고 당의 가치, 이념, 정책, (승리)전략을 중심으로 판단하는 '정상적인 당원' 자체가 많지 않아 글로벌 선진 정치의 표준을 따르기가 쉽지 않기 때문이다. 물론 공천권을 독점적으로 행사하고 싶은 당권(기득권)파의 욕심도 제어하기 쉽지 않다. 이들은 당내 민주주의를 최대한 기피하거나, 자신들의 권력을 정당화하는 요식 행위로 만들고 싶어한다는 것은 공공연한 비밀이다. 그럼에도 두 번에 걸친 공천 추태를 낳은 과도한 낙관과 기대, 즉 미래통합당 공천만 받으면 당선된다는 확신은 수면 아래로 가라앉았다는 사실은 자유, 보수 진영의 큰 정치적, 심리적 자산이 아닐 수 없다. 하지만 이 역시 여론조사에서 지지율이 반등하면 언제든지 수면 위로 부상할 수 있다. 2016년과 2020년 총선을 말아먹은 공천 추태 가능성은 지금도 엄존한다. 야권에서 미래통합당의 독점적 지위는 더 강화되었기 때문에 그 가능성은 오히려 더 높아졌다고 보아야 한다.

비호감도를 어떻게 낮출 것인가?

4.15총선의 패인이자 향후 중대 선거 승리의 관건은 자유, 보수, 우파 세력과 미래통합당·국민의힘에 대한 높은 비호감도를

낮추는 것이다. 좀 더 구체적으로 말하면 호남과 3040세대 성안 사람(주로 노동 기득권) 중심의 이익 투표와 2030세대 여성과 3040세대 전반의 감성(혐오) 투표를 극복하는 것이다. 그 첫 단추는 이들의 시각과 논리와 감성을 이해하는 것이다. 단적으로 야권이 이구동성으로 재앙적 결과를 초래하는 포퓰리즘 정책이라고 비판한 많은 정책들, 예컨대 최저임금, 주 52시간, 비정규직 제로화, 친노조, 고용 보호(경직) 강화, 공적연금 개혁 회피, 공공부문 팽창, 문재인 케어, 교육 정책(시간강사, 특목고 축소 등), 재정 확대 및 적자 재정 정책 등은 성 안 사람들과 상관이 없거나 단기적으로 큰 이익을 주었다. 이 정책들이 재앙적 결과를 초래한다는 주장은 분명히 사실에 근거한 논리, 이성적인 주장이었지만 제대로 먹혀 들지 않았다. 자유, 보수 진영이 가장 강하게 비판한 대북 정책(북핵, 9. 19 군사합의, 굴종적 태도 등)과 대일 정책(위안부 문제, 지소미아 문제, 친일 토착왜구 시비 등) 역시 논리적이고 이성적인 주장이었지만 2040세대의 공감대를 얻지 못하였다. 자유 보수 세력이 주로 휘두른 무기인 좌익·용공 시비, 친북·종북 시비, 주사파·사회주의·연방제 시비는 낡은 색깔론으로 치부되었다. 반면에 보수를 노론-친일-학살-독재의 맥을 잇는 세력이자, 냉전-대결(남북 긴장)-부정부패-기득권-불평등 양극화의 주범으로 모는 허구적 역사 현실 인식(거짓 선동)은 2040 여성과 3040세대에게 의외로 잘 먹혀 들었다. 경제, 고용, 외교, 안보 관련 논리적이고 이성적인 주장이 잘 먹히지 않고, 역사(근현대사)에 대한 무지, 착각, 거짓으로 점철된 선동이 잘 먹힌 이유는 제대로 밝혀지지 않았다.

그럼에도 자유, 보수, 우파, 애국을 부르짖어온 세력들과 국민의힘은 자신들이 주시하는 역사와 현실(위기, 모순부조리) 혹은 진실을 제대로 보여 주지 못하였다. 자신들이 세계를 보는 프레임을 제대로 마케팅을 하지 못하였다. 이는 자신들이 보는 역사와 현실이 사실이고 과학이고 국리민복 증진에 도움이 된다고 외친다고 해서 대중이 수용하는 것은 아니다. 메시지는 사실, 상식, 과학, 도덕에 부합하고 2040세대와 호남의 근본 이익에 보탬이 된다는 것을 끊임없이, 쉽게 설명해야 한다. 물론 메신저의 매력과 신뢰도를 끌어올려야 한다.

호남과 성 안 사람들에게 우리도 질세라 더 큰 특수 이익을 약속하거나 호남에 맞서 영남, 충청, 강원의 이익(지역주의) 투표를 호소하는 방식은 정의롭지도 않고 전략적으로도 효과적이지도 않다는 것은 확실하다. 여성과 3040세대의 (감성이 아닌) 이성에 호소하는 것은 굳건히 견지되어야 하지만, 이 감성은 무시하거나 폄하할 대상이 아니다. 이들이 갖고 있는 이유 있는 비호감이나 혐오의 실체를 파악하여 이들이 호감을 가질 수 있도록 처신해야 한다. 동시에 이들이 갖고 있는 무지, 착각(허구적 서사=역사 현실 인식)을 깨뜨려 불필요한 비호감은 불식시켜야 한다. 10.3시위

주도 세력과 자유, 보수 진영이 믿고 맡길 수 있는 정치 세력으로 거듭나지 않으면, 문 정부와 민주당이 아무리 실패해도 기회가 잘 오지 않거나, 천운이 따라 기회를 잡는다 하더라도 그 정권은 결코 오래 갈 수가 없다.

세대 교체론(3040 기수론)과 경제 전문가 기수론

3040 세대의 저조한 지지율을 확인하자 즉자적으로 도출된 대안이 3040 기수론(전면 배치론)이다. 그 외에도 경제 전문가 기수론도 있다. 그런데 정당이 집권 주체이고, 당수(총리 후보)는 일종의 얼굴 마담인 내각제 국가와 달리, 한국은 사람과 캠프가 집권 주체이고 대통령은 사실상 왕이나 마찬가지이다. 따라서 대통령 후보와 내각제 국가의 총리 후보는 너무 다른 존재이다. 게다가 한국의 주요 정당들은 정치인의 국가 경영 노하우를 축적

〈한국 평균 연령과 중위 연령 추이〉

연 도	평균 연령			중위 연령		
	평 균	남 자	여 자	중 위	남 자	여 자
1970	23.6	22.9	24.3	18.5	17.9	19.2
1980	25.9	25	26.9	21.8	21.2	22.4
1990	29.5	28.5	30.6	27	26.3	27.7
2000	33.1	31.9	34.3	31.8	30.8	32.7
2010	38	36.8	39.2	38	36.9	39
2020	42.7	41.4	43.9	43.8	42.3	45.3
2030	46.7	45.4	48.1	49	47.4	50.6

출처 :『장래인구추계』(통계청), 2006

하고, 전승하고, 정련하는 메커니즘이 없다. 이유야 어떻든 젊은 후보가 당내 통합력과 국민적 득표력이 있다면 얼마든지 대통령 후보가 될 수 있다. 문제는 우리의 인구 구조와 표심이 따라 주지 않는다는 것이다. 단적으로 김영삼이 40대 기수론(1969. 11)을 부르짖었던 1970년 당시 김영삼은 42세, 김대중 43세, 이철승 48세였는데 당시 평균 연령은 23.6세, 중위연령은 18.5세였다. 2020년 현재는 각각 42.7세, 43.8세다. 기대수명(남자 기준)은 1970년 58.7세였으나 2018년 79.7세이다.

국민 다수는 기본적으로 선출직 공직자의 경륜과 그 뒷배인 정당의 가치와 능력을 먼저 묻는다. 물론 젊고, 인상 좋고, 말도 잘하고, 감동적인 인생 스토리까지 갖추면 금상첨화일 것이다. 하

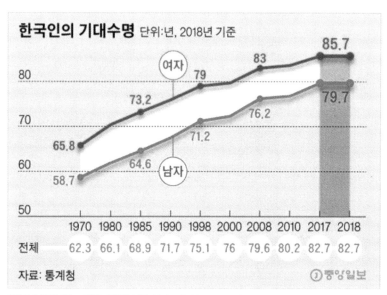

한국인의 기대수명. 그래픽=신재민 기자 shin.jaemin@joongang.co.kr

지만 기본은 어디까지나 국가 경영 능력과 정당의 매력이다. 그런 점에서 세대교체론은 과거 진보 동네서 널리 회자되던 새 세대론이나 노동 강화론, 여성 강화론(여성 할당론)과 비슷하다. 그 극단에는 백두혈통론이 있다. 정치의 소명과 직결된 국가 경영 능력 내지 국가적 난제 해결 능력이 아니라 생득적 속성인 존재(세대, 계급, 성, 혈통 등) 만능론이기 때문이다.

한국의 중장년은 청년 행세를 해서도 안 되지만, 뒷방 노인 행세를 해서도 안 된다. 60세의 경우 건강 수명이 최소 15년이고 기대 수명은 25~30년은 되기에, 세대의 역사적 역할을 의식하고 행동할 필요가 있다.

4.15총선 전면 무효론

4.15총선 이후 지금까지 계속되는 '부정선거 무효' 투쟁은 기본적으로 기대와 너무나 다른 4.15총선 결과를 도저히 이해할 수도, 인정할 수도 없기 때문이다.

부정선거론은 크게 다음 4가지로 분류할 수 있다.

1) 대규모 투개표 조작론: 알고리즘에 의한 전산 조작 혹은 개표기 조작, 사전선거 투표함 바꿔치기

2) 선거 관리 부실론: 정당 투표에서 122만 표 이상 발생한 무효표, 사진 및 영상으로 널리 회자되는 의혹이나 부실 등

3) 반칙과 변칙=실력의 경계: 현대판 고무신과 돈봉투나 다름 없는, 코로나 사태를 빙자한 막판 현금 살포, 관영 언론들의 악의적 편집과 확대 재생산, 유착된 관변 조직을 활용한 투표 편의 제공 징후 등

4) 선거제도의 구조적 결함: 이틀에 걸친 사전선거제도와 허술한 관외 사전투표제도 등

4.15선거 전면 무효를 주장하며 끈질기게 투쟁하는 주력 부대는 '1)대규모 투개표 조작론'에 근거하고 있다. 그런데 '1)'에는 반대하는 사람들도 '2), 3), 4)'는 전면 부정하지 않는다. 그럼에도 '4.15선거 전면 무효'를 주장하는 세력들은 '2), 3), 4)'에 공감하는 사람들과 힘을 합쳐 사전선거제도나 관외 사전투표제도 등을 개선하자는 투쟁을 전개하려고 하지 않는다. 미래통합당·국민의힘도 '1)대규모 투개표 조작론'을 적극 반박, 해명하지도 않고 분명한 근거가 있는 '2), 3), 4)' 문제를 해결하기 위해 노력하지도 않는다. 그저 부정선거론과 거리두기만 할 뿐이다.

이렇듯 4.15 선거 전면 무효론은 제도, 관행 개선으로 이어질 수 있는 다른 모든 문제를 덮어 버리고 있다. 이는 의도와 달리 적지 않은 열혈 보수, 자유, 우파, 애국 시민들로 하여금 선거 무용론 내지 한국 자유민주주의 종말론으로 몰아간다. 자유와 정의에 대한 강력한 에너지를 출구(해결책) 없는 비관과 절망의 구렁텅이로 몰아갔다는 얘기이다. 원래 선거일에 임박하면 선거 전략

의 기본은 우리 표는 모으되 상대 표는 분산시키고, 우리 지지자는 투표장에 많이 끌어내되 상대 지지자는 투표장에 나오고 싶은 마음이 생기지 않도록 하는 것이다. 그런데 부정선거론은 바로 보수·자유·우파 지지자로 하여금 투표장에 나오고 싶은 마음이 생기지 않도록 한다는 데 심각성이 있다. 인간은 낙관과 희망의 근거는 좀 부실해도 상관없지만, 출구 혹은 대안이 없는 비관과 절망은 그 근거가 견고해야 한다. 그런데 지금의 부정선거론의 주류인 투개표 조작론은 그 근거가 대단히 부실하다. 특이한 사전선거 결과(통계)에 대한 설명이 부족하거나 부실한 것이 사실이지만, 대규모 투개표 조작론에 대한 설명(가설)은 채택될 만한 것이 거의 없다. 한 마디로 황당무계할 따름이다. 투표로 바꿀 수 있다는 믿음이 없어지면 자유, 민주, 정의, 희망을 지키려는 모든 의욕과 활동이 다 죽어 버린다.

2장 1987체제 성찰

1절
1987년 이후 역사

주요 선거 득표율

13대 대선(1987. 12. 16)은 투표율 89.2%(총 유권자 25,127,158명 중 23,066,419명 투표)에 득표율은 민주정의당 노태우 36.6%, 통일민주당 김영삼 28.0%, 평화민주당 김대중 27.0%, 신민주공화당 김종필 8.1% 순이었다. 군정 종식이나 민주화운동에 공감하는 층이 유권자의 55%에 달했지만, 김대중의 4자필승론이 노태우 어부지리 당선을 가져온 것이다. 당시 김영삼, 김대중과 반정부 재야 세력의 이념적, 정책적 준비 정도에 비추어 보면 노태우 당선은 참으로 다행스런 결과가 아닐 수 없다.

1988년 4월 26일 치러진 국회의원 선거에서는 노태우의 민주정의당 125석(정당 득표율 34.0%), 김대중의 평화민주당 70석(정당 득표율 19.3%), 김영삼의 통일민주당 59석(정당 득표율 23.8%), 김종필의 신민주공화당 35석(정당 득표율 15.8%)을 얻었다. 보수

성이 선명한 민정당과 공화당의 득표율 합은 49.8%에 달한다. 1992년 3.24총선에서 3당 합당의 힘을 여전히 가지고 있던 민주자유당은 149석(득표율 38.5%), 김대중·이기택의 민주당 97석(29.2%), 정주영의 통일국민당 31석(득표율 17.4%)이라는 결과를 얻었다.

제14대 대선(1992. 12. 18)은 투표율 81.9%에 득표율은 민주자유당 김영삼 41.96%, 민주당 김대중 33.82%, 통일국민당 정주영 16.32%를 얻었다. 통일국민당 표는 대체로 김대중보다 김영삼 지지 성향이 강한 표라고 보아야 한다.

제15대 대선(1997. 12. 18)은 투표율 80.7%에 득표율은 새정치국민회의 김대중 40.27%, 한나라당 이회창 38.75%, 국민신당 이인제 19.21%였다. 김대중은 불리한 조건에서 DJP(김대중-김종필-박태준) 연대와 이회창-이인제 분열에 힘입어 신승했다고 보아야 한다.

16대 대선(2002. 12. 19)은 투표율 70.8%에 득표율은 새천년민주당 노무현 48.91%, 한나라당 이회창 46.59%, 민주노동당 권영길 3.90%였다. 노무현-이회창은 사실상 첫 양자 대결을 했고, 노무현은 호남표+영남표 및 40대 이하 표를 흡수하여 신승하였다.

제17대 대선(2007. 12. 19)은 투표율 63.0%에 득표율은 한나라당 이명박 48.67% 대통합민주신당 정동영 26.15%, 무소속 이회창 15.08%, 창조한국당 문국현 5.83%, 권영길 3.02%이었다. 이명박+이회창 표를 합치면 63.75%에 달한다. 그야말로 보수 압승이었다.

18대 대선(2012.12.19)은 투표율 75.8%에 득표율은 새누리당 박근혜 51.55%, 민주통합당 문재인 48.02%였다. 두 번째 양자 대결에서 박근혜는 호남과 중도층에 어필하여 신승했다.

19대 대선(2017. 5. 9)은 투표율 77.2%에 득표율은 더불어민주당 문재인 41.09%, 자유한국당 홍준표 24.04%, 국민의당 안철수 21.42%, 바른정당 유승민 6.76%, 정의당 심상정 6.17%이다. 진보성이 뚜렷하다고 볼 수 있는 문재인+심상정 후보의 지지율 합은 47.26%이다.

1979년의 12.12사태와 1980년의 5.17 비상계엄 확대를 발판으로 집권한 전두환 정권은 구조적으로 안정되기 쉽지 않았다. 1980년 5월 광주민주화운동에 대한 유혈·과잉 진압, 대중적 정치 지도자인 김영삼, 김대중, 김종필에 대한 초법적 정치 활동 금지, 선거인단에 의한 체육관 선거로 인한 취약한 정통성, 이승만-박정희-전두환으로 이어진 오랜 권위주의 정권에 대한 누적된 피로감, 1980년대 들어 인구 구조와 소득 수준 향상에 따라 급격히 올라간 대학 진학률과 대학생 수를 배경으로, 이른바 일류대가 주도한 학생운동 등이 주요 불안정 요인이었다.

1980년대 한국 학생운동과 지식인(교수, 언론인, 문화인, 종교인 등) 사회는 대체로 조선 성균관 유생이나 재야(산림)의 정신 문화를 이어받아서인지 강한 도덕주의, 국가(성군)주의적 성향을 띠었다. 또한 식민지 강점-6.25(미흡한 친일청산과 확실한 좌익청산)-외래(일본, 미국) 문화의 범람에 따른 반발(문화적 생존본능)에 따라 조선 역사(특히 근대화의 맹아)를 왜곡, 미화하는 등 민족주의·복고주의와 중동 이슬람권의 탈레반을 방불케 하는 근본주의적 성격을 띠었다. 사회주의와 주체사상은 1980년대 중반부터 1990년대 초반(소련, 동구 몰락)까지 잠깐 창궐했다가 사라졌지만 조선 역사에 대한 왜곡, 미화와 대한민국 70여 년 역사를 '정의가 패배하고 기회주의가 득세한 역사' 등으로 보는 부정적인 시각은 사라지지 않았다.

1980년대 내내 권위주의 정치 체제와 국가 주도 경제 발전의 짙은 그늘 해소를 요구하는 대학생, 종교인, 지식인, 노동자, 농민, 빈민(철거민) 운동이 점점 격화되어 갔다. 2차 오일 쇼크와 중화학공업 과잉 투자가 초래한 경제 위기 수습, 당시 영국(대처), 미국(레이건) 정부의 정신과 방법을 받아 안은 신자유주의적 개혁, 예산 통제, 물가 안정, 평화적 정권 교체 등 전두환정부의 수많은 공功은 집권 과정의 부도덕성과 민주화운동 탄압으로 인해 정당하게 평가 받지 못하였다.

노태우정부 시기는 1987년 이후 한국 정치의 생산성이 가장 높은 시기였다고 해도 과언이 아니다. 민주화 열망이 사회 구석

구석으로 퍼져 나갔고, 지지 세력에게 휘둘리기보다는 지지 세력을 휘어잡고, 정당도 확고하게 지배하며, 재야의 급진주의와도 적절하게 거리를 두는 등[8] 정치적 산전수전을 겪으며 정치적 경륜도 쌓은 김영삼, 김대중, 김종필이 여소야대 국회를 주도하였고 노태우 대통령 역시 민주화 시대의 의미를 잘 이해하고 있었기 때문이다. 노태우 대통령은 자신과 전두환 시대를 '민주화 시기'라 규정하면서 이렇게 말했다.

민주화의 시기는 욕구분출의 시기이다. 이 거친 욕구 분출은 역사의 대세이고 당위이므로 도도히 흐르는 강물과도 같아서 어설프게 막으려 하다가는 둑이 터지고, 그렇다고 내버려두면 마을을 휩쓸어 생존의 근거를 무너뜨린다. (…) 나는 지금도 민주주의는 공짜가 아니라 비싼 대가를 치러야 자기 것으로 만들 수 있는 귀중한

---

8) 1992년초 채택된, 당시 재야 세력의 총집결체 '민주주의민족통일전국연합'의 총선 강령의 주요 내용은 다음과 같다. '안기부, 백골단, 전투경찰 등 폭압 기구를 해체하고, 공안 기관에 대한 국민적 통제 체제를 확립한다', '국가보안법, 노동법, 교육법 등 반민주악법을 개폐하여 언론, 출판, 집회 및 시위, 자주적 단결의 권리와 사상, 학문, 양심의 자유를 보장한다', '대외 의존적 경제 정책을 지양하고, 독점 재벌을 해체하고', '국민경제의 대외적 예속을 심화시키는 무차별적인 시장 개방 압력을 배격한다', '남북 관계에 있어서 민간 차원의 자주적 교류, 국가보안법의 철폐, 통일 인사의 석방, 사상의 자유를 보장하고', '예비군제도와 민방위훈련 등 상호 불신을 야기하는 제도를 척결하고, 국군 현대화 계획 등의 군비 경쟁을 중단하여 남북상호간의 감시와 통제 하에서 무기와 병력을 대폭 감축한다', '남북한 공히 핵무기 개발, 배치, 반입, 통과 등을 전면적으로 금지함으로써 핵 위협 없는 한반도를 실현한다', '팀스피리트 훈련을 즉각 중단하고 빠른 기간 안에 주한미군을 완전 철수시키고, 외국과 맺고 있는 각종 군사동맹 등 불평등 조약을 전면적으로 개폐한다'.

가치라고 생각한다. 오죽하면 미국 독립선언의 기초자인 토머스 제퍼슨은 '민주주의는 독재자와 애국자의 피를 마시며 자란다'는 끔찍한 이야기를 했겠는가. (『노태우 회고록·상』 머리말, 조선뉴스프레스, 2011)

노태우정부 시기에 소련, 중국, 동구권과의 국교 정상화, 남북 기본합의서 채택, 지방자치제 실시(1991년 지방의원 선거, 1995년 지방자치단체장 선거), 주택 200만 호 건설과 일산·분당 등 신도시 건설, 경부고속철도, 서해안 및 중부고속도로, 대전통영고속도로, 인천국제공항 건설 등 외교, 주거, 교통, 지방자치 등의 사회 전 분야에 걸쳐 민주주의의 인프라를 깔았다고 할 수 있다.

무인·상인 정신의 퇴조

3당 합당으로 탄생한 김영삼정부는 군부 사조직(하나회)과 군사독재 잔재 척결, 금융실명제 실시, 지방자치단체장 선거, OECD 가입과 경제적 세계화 시동 등 적지 않은 성과를 남겼다. 하지만 국가주의, 도덕주의, 민족주의, 대중영합주의와 경제(상공인)에 대한 무지·무관심이라는 한국 정치의 고질병으로부터 그리 자유롭지 않았다. 김영삼 대통령은 1993년 2월 25일 취임사에서 "어느 동맹국도 민족보다 더 나을 수 없다. 어떤 이념이나 어떤 사상도 민족보다 더 큰 행복을 가져다 주지 못한다"고 하면서 자유, 민주, 인권, 문명의 근간인 대한민국 체제와 이념을 경시하고, 북한 체제와 이념에 대한 경계심을 희석시켰다. 게다가 중앙청을 대한민국 건국과 민주주의 현장이 아니라 일제의 식민 지배라는 치욕의 역사 현장으로만 보고 폭파를 지시하였다. 대한민국 역사에 대한 자부심과 자존감도 취약했다고 보아야 한다. 또한 위헌적 소급 입법을 통해 전두환, 노태우를 불법적 쿠데타 혐의로 처벌하면서, 조선식 사화 정치를 부활시켰다. 김영삼정부가 강조한 '문민'은 '무인', 즉 군부와 대척점에 있는 개념이다. 한국에서 '문'은 '선비=士'로서 붓, 학문, 도덕, 원리원칙, 물질적 욕망 자제(안빈낙도), 귀족성 등의 상징이다. '무'는 칼, 무력, 실력, 실용, 결과 중시, 유연성, 물질적 욕망 긍정, 천민성의 상징이다. 따라서 '무인'과 '상인'의 가치나 덕성이 일맥상통한다. 서양의 귀족과 일본의 영주는 기본적으로 무인(군인)이자 지방에 대대손손 다스리는 봉토가 있는 영주·귀족인데 반해서 조선의 양반사대부는 문인이자 과거 급제 후 공직 재임 기간에만 국가로부터 그리 많지 않은 녹봉을 받는 관료였다. 생산 노동이나 생활 노동을 노비에게 맡기는 것을 당연시하는 등 (적어도 겉으로는) 가난을 부끄러워하지 않은 독특한 존재였다.

　김영삼은 3당 합당을 결행하면서 '호랑이를 잡으려면 호랑이굴에 들어가야 한다'고 하였다. 그런데 김영삼이 때려잡은 호랑이는 '군부 독재와 군부 쿠데타 의지·능력'만이 아니라 건국과 산업화의 기적을 창조한 정신문화와 성장 친화적인 시스템도 포함되어 있었다. 한국전쟁과 5.16과 개발연대에 뿌리내린 상무정신과 실용주의, 성과주의, 실력주의, 능률과 실질 중시주의 등도 때려잡았다는 얘기이다. 그런 점에서 김영삼 문민정부는 더러워진 목욕물을 버리다가 아기, 즉 한반도에서 어렵게 발아한 무인 정신과 상인 정신까지 버린 우를 범했다고 할 수 있다. 결과적으로 민주화에 대한 기여가 가장 큰 김영삼은 보수와 진보 그 어느 쪽에서도 높이 받들 수도, 그렇다고 부정할 수도 없는 어정쩡한 존재가 되었다. 김영삼의 아들 김현철과 조선일보 최보식 기자의 인터뷰(2020. 11. 30)의 한 대목이다.

YS(김영삼)는 우파·좌파 양쪽에 낀 샌드위치 신세가 됐습니다. 어느 쪽에서도 대접받지 못해요. 좌파 정당은 그렇다치고, 우파 정당에서도 YS 사진만 걸어놓았을 뿐입니다. 현대사의 전환점은 이승만의 건국, 박정희의 산업화, 그리고 YS의 민주화였습니다. 우파 정권이 다 이뤄냈습니다. 하지만 우파는 이승만·박정희만 말하고, YS의 민주화는 활용할 줄 모릅니다. [9]

---

9) https://www.chosun.com/opinion/choibosik/2020/11/30/KY6EX-D4ZQVDHNAVWHMKJGZMHIA/ '국민 피눈물 나게 하면 대가 치러… 文, 가장 불행한 대통령 될 것'

김대중정부의 핵심 치적은 '외환 위기 극복', '4대(기업, 금융, 공공, 노동) 개혁', '남북 관계 개선(햇볕정책)'이다. 그 밖에 '복지 강화(생산적 복지)'와 '호남의 한'의 해소 등이다. 김대중정부가 깔아 놓은 레일로 노무현정부는 궤도 수정 없이 달려갔다. 이명박·박근혜 정부는 햇볕정책은 외면했지만 경제적으로는 김대중정부가 깔아 놓은 레일을 거의 그대로 달려갔다. 그런데 2020년 시점에서 보면 김대중정부의 주요 치적은 대부분 실패, 파산하였다고 해도 과언이 아니다. 햇볕정책도 파산하였고, 4대 개혁도 엄청난 후유증을 남겼다. 사회 투자 국가 이론에 따른 '생산적 복지'는 북유럽식 '보편적 복지'에 밀리고, 그마저도 복지국가 원리에 정면 반하는 '선심성, 포퓰리즘성 현금 나눠 주기'에 밀리고 있다. '호남의 한'은 부당한 차별과 배제가 없는 보편타당한 법제도로 발전한 것이 아니라 호남의 특혜 욕망(공직과 예산과 기회 독점)으로 퇴행하였다.

1987년 체제와 1997년 외환위기, 그리고 김대중 개혁에 의해 만들어진 질서(철학, 가치, 제도, 문화 등)는 거의 모든 경제적 연관 관계나 선순환 관계를 약화시켰다. 성장과 고용, 투자와 고용, 수출과 내수, 금융과 산업, 원청과 하청, 대기업과 중소기업, 수도권과 지방의 관계가 그렇게 되었다. 또한 많은 분야에서 양극화가 심화되었다. 그 결과 지금 대한민국은 시계 속에 꽉 들어찬 톱니바퀴들처럼 맞물려 돌아가던, 산업화와 민주화의 신화를 창조한 가치, 제도들이 헛돌고 있다.

노무현정부는 전통적으로 중시되어 오던, 정부 성과 평가 기준으로 보면 실적이 좋은 편이다. 중국이 한국산 중간재의 거대한 시장으로 기능하고 인도, 아세안, 남미 등 후발 개도국들도 앞다투어 개방을 통해 경제 발전에 박차를 가하였기 때문이다. 노무현정부는 국민소득 증가율, 수출, 경상수지 흑자, 외환 보유액, 종합주가지수 등이 다 좋았다. 그런데 사회의 짙은 그늘을 알려주는 지표는 대체로 진보와 보수를 초월하여 한국 지식 사회와 정치권이 별로 주목하지 않아 온 지표이다. OECD 최고 수준의 자살률과 최저 수준의 출산율이 대표적이다. 제자리걸음을 하고 있는 자영업자들의 총소득(개인 영업잉여)도 빼놓을 수 없다. 공공부문이 청소년들의 선망의 직장이 되고 고시, 공시족이 100만을 넘고, 대학의 고시원화가 심화되고, 폭증한 외국인 노동자들로 인해 하층 일자리(식당일, 공사판 단순 노무직 등)에 종사하는 사람들의 고통이 극심해진 것도 빼놓을 수 없는 노무현정부의 그늘이다.

노무현정부가 했거나 하려고 한 주요한 일, 예컨대 이라크 파병, 대연정, 비전2030, 한미FTA, 제주해군기지, 원포인트 개헌(4년 연임제), 기자실 폐쇄 등으로 말하자면 이라크 파병, 한미FTA, 제주해군기지는 좌편향된 열성 지지층의 격렬한 반대를 무릅쓰고 강행한 것이다. 비전2030, 대연정, 원포인트 개헌, 기자실 폐쇄 등은 한나라당과 좌편향된 열성 지지층이 좌우에서 협공(비토)하여 좌초시키거나 의미를 평가절하하였다. 노무현정부의 이런 정책들은 노무현 대통령과 이른바 친노 세력들로 하여금 '패족'이라고 자인할 정도로 철저한 고립무원의 상태로 몰고 갔다. 이로부터 좌편향된 열성 지지층 위에 올라탄 문재인과 현 집권 핵심 세력들은 집권했을 때, 그 어떤 경우에도 열성 지지층의 이해와 요구에 반하면 안 된다는 교훈 아닌 교훈을 뼈에 새기게 만들었다. 반면에 중도층으로 하여금 단기적으로 불리할지언정 장기적으로 국리민복에 도움이 되는 정책을 소신 있게 펼치려고 한 노무현정부의 태도는 굉장한 매력을 느끼게 만들었다. 그에 따라 노무현정부의 계승자임을 자부, 아니 사칭하는 문재인정부에게 아낌없는 지지를 몰아주게 만들었다. 2009년 고립무원 상태에서 결행한 노무현의 비극적 자살은 좌편향된 열성 지지층에게는 복수의 일념을 불어넣고, 노무현을 외면하고 비난한 중도층에게는 큰 부채감(지켜주지 못해 미안해)을 안겨주었다.

이명박, 박근혜와 찬탄파의 오류

이명박정부는 2006년 지선과 2007년 대선, 2008년 총선 결과를 통해 얻은 자신감을 바탕으로 보수의 힘을 과대 평가하고, 2002년 대선에서 보여 준 진보의 힘을 과소 평가하였다. 그러다 보니 여당과 진영의 단결과 통합을 그리 중시하지 않았다. 이는 박근혜 대통령도 오십보백보였다고 알려져 있다. 2007년 한나라당 대선 경선 이전부터 친이와 친박은 서로 반목하고 배척하였다. 그것도 모자라 정권 탄생의 1등 공신인 정두언, 정태근 등을 친이 실세 이상득이 배척하고 탄압하는 양상을 보였다. 이명박 대통령은 박근혜 및 친박 의원들과 정치적 동반자 관계를 형성하지 못하다 보니, 압도적 다수 의석을 가지고 있었음에도 세종시 수정안조차 통과시키지 못하였다.

박근혜는 이명박정부 내내 여당 속의 야당 당수였다. 또한 경제민주화와 복지국가(기초연금 등)와 세종시 원안 고수 등 야당의 가치와 주장에 다가가려고 노력하였다. 선거의 여왕답게 중도층을 획득하려고 장기간 치열한 노력을 기울였다. 그 결과가 이명박정부에 대한 실망이 적지 않은 상황에서 51.55%의 득표율을 기록한 것이다.

문제는 집권 이후의 처신이었다. 김대중정부는 외환위기 상황이다 보니 경제 구조와 체질 개혁과 남북 관계 개선 등 구조나 틀을 바꾸려는 의욕이 넘쳤다. 노무현정부는 구조나 틀이 아니라 문화와 관행을 바꾸려는 의욕이 넘쳤다. 이명박정부는 구조나 틀을 바꾸지 않고, 전문경영인적 수완으로 역사에 길이 남을 업적을 만들고자 하는 의욕이 넘쳤다. 그런데 박근혜정부는 그런 의욕 내지 이상 자체가 없었다. 온갖 간난을 무릅쓰고 권력의 최정상에 올라가서 그 지위 자체를 즐기는 권력자의 모습을 보여 주었다. 다시 말해 권력이 개인과 당과 진영과 국가의 역사적 사명을 다하기 위한 수단이나 도구가 아니라, 권력 그 자체 혹은 권력을 좌파에 빼앗기지 않은 것 자체가 목적인 것처럼 행동했다.

노무현-이명박-박근혜-문재인 시대는 '1987년 체제'의 내적 결함과 1997년 이후 몇 년 간 김대중정부가 주도한 경제에 대한 거친 대수술의 후유증이 바람직하지 않은 방식으로 조합되어 합병증이 극도로 심화된 상태였다. 급격한 세계화, 민주화, 지식정보화, 중국의 급부상 등 기술적, 경제적, 국제정치적 환경 변화에 제대로 대처하지 못하면서 병세가 더욱 악화되었다. 병세의 핵심 원인은 국내외 환경 변화에 조응하여 시스템, 즉 정신문화, 사상이념, 법제도, 정책, 예산 등을 제대로 바꾸지 못한 역대 정부들의 정치적·정책적 혼미와 무능이다. 정치는 원래 법=제도 혹은 틀=구조=체제=시스템을 바꿔서 자신의 가치와 이념을 실현하는 일인데, 2007년 대선과 2008년 총선 압승에 힘입어 압도적 힘을 갖게 된 이명박정부는 법과 제도, 틀을 바꾸기보다는 전문경영인이나 서울시장(행정가)처럼 주어진 제도와 틀 안에서 예산 운용 포트폴리오를 바꾸고, 사업의 선택과 집중 지점을 바꾸고, 자신의 탁월한 수완(추진력)에 의해 가시적 성과를 내려고 하였다. 그런 점에서 보이지 않는 철학, 가치, 제도, 문화를 바꾸려다가 변죽만 울린 노무현정부와 정반대 편향을 보여 주었던 것이다. 지금 시대는, 1987년 이후 30여 년 중에서 상대를 압도하는 정치적, 사회적 힘을 가진 두 정부(이명박정부와 문재인정부)가 시스템을 바꾸는 대역사大役事를 외면하거나 소홀히 하면서 병세가 더 악화되고 있다.

1990년 3당 합당으로 보수가 압도적으로 우위에 있었지만, 노무현-이회창 양자 대결 구도가 펼쳐진 2002년 대선부터는 보수와 진보의 백중세로 바뀌었다. 1997년 대선은 보수의 분열로, 2007년 대선은 김대중-노무현 집권 10년의 피로와 노무현과 진보좌파의 분열로 특이한 결과를 초래하였다. 2012년 대선은 박근혜-문재인 양자 대결 구도로 치렀고, 박근혜의 탁월한 정치공학(여당 내 야당 노릇, 세종시 수정안 반대, 기초연금 인상, 경제민주화 등 좌클릭)에 의해 신승하였다. 하지만 보수 2연속 집권의 피로감과 박근혜정부의 정치·정책적 성과와 역량으로 볼 때, 2017년 대선은 어려울 수밖에 없는 구도였다. 다시 말해 불평등, 양극화, 일자리, 저출산, 균형 발전, 남북 관계 문제 등이 해결이 되지 않았으면 필연적으로 증폭되기 마련인 보수 정권 8~9년차의 피로감을 두려워하지 않았다. 그렇기에 전경련의 팔을 비틀어 미르재단과 K스포츠재단을 만들고, 그것도 모자라 최순실에게 운영을 맡기는 등 정치적, 법적으로 결코 정당화 될 수 없는 위험천만한 일을 벌인 것이다. 2016년 가을 대규모 촛불시위가 계속되자 김무성 등 탄핵 찬성파 의원들은 자신들을 오랫동안 홀대하고 탄핵 사태에 너무 안이하게 대응하는 박근혜 대통령이라는 꼬리(?)를 잘라 보수 몸통을 보존하려 하였다. 새누리당 탈당 후 새로운 보수 정당(바른정당)을 창당하고, 반기문을 대선 후보로 내세워 보수 3연속 집권을 도모했다는 얘기이다.

하지만 박근혜 탄핵은 법적으로 보나 정치 도의적으로 보나 정치 전략적으로 보나 너무나 어리석은 선택이었다. 무리한 국회 탄핵과 무리한 버티기(박근혜의 헌재에 대한 과도한 믿음)로 인해 보수, 자유, 우파는 사분오열되지 않을 수 없었다. 더 근본적인 문제는 보수 정부와 보수 정치에 대한 불신과 환멸이 탈당 후 급조한 새로운 보수 정당과 반기문 카드로 무마할 수 없을 정도로 사납고 강해져 있었다. 이 모든 것은 역대 정부와 집권당들이 다방면에서 쓰나미처럼 밀어닥치는 위기의 실체를 제대로 보지 못하였기 때문이다. 물론 탄핵 사태의 가장 큰 책임은 박근혜 당시 대통령에게 있다. 당시 국회 권력, 여당 권력, 청와대 권력과 헌재 권력을 가진 사람 치고 탄핵 책임으로부터 자유로운 사람은 단 한 사람도 없다.

탄핵 사태를 딛고 41%의 지지로 출범한 문재인정부는 1987년 이후 처음으로 국가 개혁 의지도, 비전도, 국민 통합 의지도 없는 희한한 정부이다. 1987년 이래 대부분의 정부가 해결은 못해도 씨름은 하던 규제개혁, 연금개혁, 공공개혁, 노동개혁, 청년 실업 문제와 저출산 문제 해결 등이 아예 국정 어젠다에서 실종되어 버렸다. 그야말로 권력 그 자체의 유지와 재생산을 목적으로 철저하게 당파적으로, 또 대중 영합적으로 움직이는 대통령을 목도하게 된 것이다. 그 결과 지지율은 3년 반이 넘도록 40%대로 고공 행진하지만 국가 시스템과 가치 생태계는 재기불능으로 망가지고 있다.

2절
1987체제 성찰

　대한민국과 보수의 미래와 관련하여 반드시 해명해야 할 것은 그 엄청난 폭정과 실정에도 문재인정부와 민주당이 4.15총선에서 압승을 거두고, 집권 4년차에 들어서도 40%대라는 가공할 만한 지지율을 기록하는 이유가 무엇이냐는 것이다. 2020년 들어서는 경제 활동, 종교 활동, 사회 활동을 엄청나게 억압하는 등 정치 방역이 분명한 코로나 계엄령이 큰 반발없이 수용되는 이유가 무엇이냐는 화두도 추가되었다. 이는 야당의 무능만으로는 설명할 수 없다. 한국민의 생각과 행동을 규율하는 어떤 구조=체제를 살펴보아야 하는 것이다.

　체제란 사람이나 국가의 생각과 행동을 제약하고, 유인하고, 정형화하는 정치적으로 만들어진 공고한 구조이다. 문서화된 강제적 규범인 헌법 및 법률과 그 해석, 한미상호방위조약 등 국제 조약, 미·중 갈등으로 대표되는 국제정치·경제 질서가 대표적인 구조이다. 습속習俗은 문서화되어 있지는 않지만 헌법, 법률, 국제 조약과 정치 지형(정치적 대립 구도와 역관계)의 어머니로, 역사 인식(집단기억), 감정반응, 정신문화, 종교와 이념과 생활양식의 총화이다. 한국의 거시 정치 지형을 살피려면 기본적으로 정신문화의 총체인 습속과 국가 주권의 한계인 국제정치·경제 질서와 인력 기술의 한계인 지리, 풍토(자연환경)를 살펴야 한다. 그와 더불어 가치 배분의 3대 장場인 사회·국가·시장과 법률(권력구조, 선거제도, 정당체제, 국회 운영 방식 등)과 행정명령과 법 해석 등을 살펴야 한다.

조선 체제의 유산

1948년 8.15(독립=정부수립일)보다 1945년 8.15(해방일)을 더 기리는 데서 보듯이, 한국민의 머리와 가슴에서 조선은 결코 사멸하지 않았다. 조선 체제의 이념적 유산은 크게 네 가지이다.

첫째, 국가주의이다. 성군 만능주의요, 권력 만능주의이다.

모든 권력은 본래 피치자의 동의를 구하지 않는다. 약탈하고(뜯어내고), 강압하고(억누르고), 통제하고, 지시하고, 명령하는 존재이다. 자유민주주의 선진국과 달리 조선과 대한민국의 권력은 피치자(개인, 마을, 교회, 상공인 협회, 지방 등)가 보충성 원칙에 입각하여 권한과 책임을 양도한 것이라는 개념이 없다. 게다가 권력과 권력자에 대한 의심, 불신 자체가 취약하다. 그렇기에 권력 집중에 둔감하고 권력의 지시, 명령, 통제에 익숙하다. 더욱이 역대 대한민국 정부와 지식인들은 보수와 진보를 막론하고 무소불위 권력에 대한 종적·횡적 통제, 견제 장치와 권한과 책임의 일치를 설계하는 데 그리 관심을 기울이지 않았다.

둘째, 도덕주의이다. 도덕 제일·만능주의이다. 도덕 제일주의는 도덕의 학습자, 체현자, 계도자, 해석자인 사대부 제일주의로 연결되고 물질적 욕망의 억압과 생산적 근로의 천시로 나아갔다. 조선 성리학의 최대 패악 중의 하나이다. 도덕주의는 큰 악덕(불평등, 양극화, 세월호 참사 등) 뒤에는 힘센 악당이 존재한다는 사고방식으로 내달린다. 책임을 자신이나 제도가 아닌 외부 악당에게 전가한다. 도덕주의는 정사正邪, 선악善惡 이분법으로 정치를 재단하기에 파괴적인 정치 갈등이 필연이다. 도덕주의는 인간을 규율하는 제도(유인 보상 혹은 징벌 체계)에 대한 외면과 무지에 뿌리를 박고 있기에 경제적, 정치적 무능이 필연이다. 도덕주의는 법과 제도의 발전을 가로막는다. 법치보다 인치를 선호하게 되어 있다. 당연히 악당을 징치하는 온갖 형벌, 규제를 양산한다. 도덕주의는 사익 추구를 본령으로 하는 상인·공인·기업인을 불신 폄하하고 도덕으로 징치하는 사대부와 공무원, 교수, 교사 혹은 정부와 공공기관에 큰 권위와 권력을 부여한다.

조선을 관통한 사농공상의 위계서열은 도덕주의와 국가주의의 결합이다. 도덕주의와 국가주의는 수요와 공급, 비용(투입)과 편익(산출), 위험과 이익을 타산한 경제 주체들이 만든 경제 현상(가격, 격차 등) 혹은 소비자 선택, 생산성(혁신 능력) 격차에 따른 경제 현상을 불법(착취)과 부도덕으로 문제를 진단하고 국가 규제와 형벌이라는 해법을 즐겨 사용한다.

도덕주의는 시장과 사회만 함부로 재단하는 것이 아니라 본래 힘의 세계인 국제 관계조차 도덕으로 재단한다. 이는 조선과 남북한을 가리지 않는다. 조선은 청나라, 러시아, 미국, 일본 등의 선의에 호소하면서 부국강병을 등한시했고, 한국의 문재인 정권은 미국과 북한의 선의 또는 설마 불법무도한 행위를 하랴 하면서 북핵과 미사일 대처를 등한시하고 있다.

따지고 보면 북한의 미국에 대한 증오의 원천은 '우리 민족 문제에 왜 미국이 개입했냐'는 자폐적 도덕주의이다. 이렇듯 남북한의 도덕주의는 힘의 세계, 시장 등 사적 자치의 세계와 도덕의 세계가 엄연히 다름에도 이를 제대로 구분하지 못하고 있다.

셋째, 가족주의이다. 혈연·지연 중심 연고주의이다. 가족이 아닌 다른 사회관계의 미발달 혹은 경시의 산물이다. 가족주의, 연고주의는 보편주의와 실력주의에 대한 무시이다. 가족주의는 농업 기반 폐쇄 경제와 제사 공동체(문중) 중심 사회관계의 유산이다. 조선은 사회의 핵심 연대 단위(중간 집단)가 마을이 아니라 조상(중시조)을 공유하는 혈족·친족 공동체, 즉 가문·문중이었다. 이 목적은 조상에 대한 제의를 수행하면서 친족끼리 상부상조하는 것이었다. 조선의 마을은 공동체성이 없거나 취약했다. 조선의 마을·촌락은 평등한 신분의 생산자, 즉 평민·상민·양인들이 모여 사는 생산·생활 공동체가 아니라 상이한 신분과 위계·서열이 다른 가문이 혼거하면서 오직 조상의 신분이나 위계를 근거로 일부

가문(문중)이 군림하려고 해왔기에 반목과 질시가 극심했다. 직장 계급 사회(동일가치 노동에 대한 차별 임금 등), 공무원 양반 사회, 가족 아닌 타인의 고통과 아픔에 대한 공감 부재의 뿌리는 깊다.

넷째, 자리(position) 중심주의이다. 이는 자리가 제공하는 초과 이익을 당연시한다. 사람값(처우, 권리 등)이 자리(위치)에 따라 바뀐다는 것을 의미한다. 그래서 내부자(정규직, 자격·면허 소지자)와 외부자(비정규직, 비자격·면허 소지자)를 나누고, 외부자에 대한 부당한 차별과 배제를 당연시한다. 그 결과 한국의 거의 모든 경쟁은 좋은 자리가 보장하는 과도한 권리, 권한 내지 초과 이익(지대) 추구를 둘러싸고 벌어지고 있다. 지금 한국의 불공정 시비는 자리가 보장하는 부당한 권리, 이익, 권한 자체를 문제 삼는 것이 아니라 자리 차지하기 '진입 경쟁' 내지 '자격·면허 획득 경쟁'의 공정성을 주로 문제 삼을 뿐이다. 자리 중심주의는 초과 이익=지대 추구(rent seeking)=공짜 추구로 나타난다.

대한민국은 자유민주주의 이념을 기초로 건국은 되었지만 일제 식민 통치, 건국 전쟁, 일촉즉발의 휴전 상태, 국가 주도 발전 전략으로 인해 국가(성군·권력)주의는 거의 그대로 계승되었다. 국가주의는 도덕주의를 필요로 하기에 도덕주의 역시 크게 훼손되지 않았다. 양당·양강 구도를 강제하는 선거제도 역시 세상을 선악, 정사, 정의-불의의 이분법으로 재단하게 만들었다. 내부자와 외부자를 과도하게 차별하는 자리 중심주의는 시장 원리를 가로

막는 국가 규제에 의존하기에 역시 크게 약화되지 않았다. 이런 상황에서 일제로부터 해방되면서 혈통주의적 친북·반일 민족주의가 발흥하기 시작했다. 이는 역대 정부들이 위대한 사회계약으로 출발한 대한민국의 역사적 의의 내지 헌법적 가치를 이해하지 못하였기 때문이기도 하다. 반일민족주의는 조선과 대한민국의 차이를 잘 이해하지 못한다. 자랑스런 대한민국의 역사의 현장인 중앙청을 일제 총독부 건물로 규정하여 김영삼정부가 폭파해 버리고, 8.15를 독립(정부수립)기념일보다 해방기념일로 이해한 것이 단적인 예이다.

1987체제의 특성

1987체제는 1987년 10월 29일자로 개정되고, 1988년 2월 25일자로 시행되어 이 책이 출판되는2021년 1월 현재까지 대한민국을 규율해 온 제10호 헌법에 의해 지지되는 정치 체제이다. 하지만 1987년 헌법이 1987체제를 낳은 것이 아니라 1987체제가 1987년 헌법을 낳았다고 봐야 한다. 1987체제의 유전자 내지 핵심 특성은 헌법 조문이 아니, 지배적인 정신문화와 이를 뒷받침하는 정치지형, 즉 정치적 대립 구도와 정치 세력 간 역관계 등에 있다.

1987체제의 특성은 1987년 헌법에서 새로이 삽입된 조항, 대표적으로 대통령 직선제와 5년 단임제, 경제민주화 조항, 헌법재판소 관련 일부 조항이나 삭제된 조항의 영향만 분석하면 알 수 있는 것이 아니다. 1987체제를 만든 역사·현실 인식을 포함한 정신문화와 정치지형이 오래 전부터 있었어도 사문화되었거나 다르게 해석하던 조항을 새롭게 해석하기 때문이다.

1987체제를 만든 정치지형은 각각 그 내부에 다양한 스펙트럼을 갖고 있지만, 대체로 보수(우파)대 진보(좌파), 영남 지역주의 대 호남 지역주의, 주류대 비주류가 기본 대립 구도이다. 보수(우파)와 진보(좌파) 혹은 주류와 비주류를 가르는 기준은 대한민국 역사의 빛과 그늘에 대한 인식(주목하는 지점), 북한과 남북 관계에 대한 태도, 노조와 노동권, 재벌과 경제 규제에 대한 태도 등이다.

보수와 진보를 초월하여 공유한 1987체제의 시대정신은 분단과 건국, 산업화의 그늘을 해소하는 것이었기에 주류, 보수 세력에 대한 부정 내지 책임 추궁이 내재되어 있었다.

그래서 1987년 이후 30여 년은 김대중, 노무현, 문재인, 문익환, 김근태, 전태일 등으로 상징되는 민주, 민족, 자주, 진보, 평등, 노동, 시민, 인권, 복지와 대북 유화 정책을 주창한 비주류 세력들의 정치적, 이념 정책적, 도덕적 공세 국면이었다. 공세의 근거는 고도 성장의 그늘(지역 계층 격차와 빈약한 복지)과 과거 정부의 헌법과 법률 위반(인권유린, 부정부패, 각종 절차 위반)과 대한민국 역사에 대한 전혀 다른 해석, 한 마디로 대한민국 흑역사에 대한 집중 조명이었다. 헌법에 명기한 개인의 자유, 권리와 국가의 책임, 의무와 야만적 고문, 학살에 대한 진상 규명, 민주적 절차 위반, 정경유착, 부정부패, 빈부격차 등이 정치적, 이념 정책적, 도덕적 공세의 주된 소재로 사용되었다

1987년 이후 30여 년은 민주·진보·노동·시민·민족·인권·복지의 기치를 든 운동(세력)이 주도권을 쥐고 변화와 개혁의 공세를 펼쳤고, 이전의 집권·주류 보수 세력은 여기에 수세적으로 맞섰다. 예컨대 경제민주화-재벌개혁, 지역 균형 발전(행정수도 이전 등), 복지국가-격차 해소-최저임금 인상, 여권女權과 노동권 등 기본권 강화, 비정규직의 정규직화, 과거사 진상규명과 5.18, 4.3, 6.25 당시 양민 학살 등 억울한 희생자 신원, 반일 마케팅 등은 민주 진보가 주도적으로 제기하고, 주류 보수는 단지 쟁점 없애기나 물타기 차원에서 이를 무분별하게, 때론 정치공학적으로 수용하였다.

1987체제 30여 년은 기본적으로 비주류, 민주, 진보가 반독재 담론, 뒤틀린 역사 바로잡기 담론, 도덕(악당) 담론, 공정 담론을 주도적으로 제기하면서 공세를 펼치고, 주류 보수 우파는 방어적으로 대응하는 데 급급했다. 담대하고 공세적인 국가 대개혁 방략을 내놓은 적이 없었다. 박근혜 탄핵과 문재인정부 출범, 그리고 4.15총선 결과는 짧게는 30년, 길게 보면 70년에 걸친 민주·

진보·노동 세력의 승리의 축포이자 공세의 절정이자 자유보수애국 세력의 자멸의 기념비라고 할 수 있다.

정치 집단의 정체성을 규정하는 언어들도 대체로 주도권을 쥔 전자의 방어, 대항 언어로 등장했다. 전자는 질기게 민주를 표방했기에 후자는 종종 민주, 정의, 자유를 내세웠다. 1980년 이후 주류 보수 정당의 명칭에서 민주나 자유가 들어간 것은 민주정의당, 민주자유당, 자유한국당(2017. 2~2020. 2)이었다. 신한국당-한나라당-새누리당-미래통합당-국민의힘에서는 빠졌다. 이는 한국 보수의 핵심 가치가 박정희·전두환·노태우 정부가 견지하여 국가와 국민에 체화되었다고 생각한 가치, 비전, 제도, 정책을 지키는 것이었기 때문이다. 그런데 박정희·전두환·노태우 정부 하에서 민주와 자유가 국가와 국민에게 깊게 체화될 리가 없었다. 사실 민주는 물론 자유조차도 이승만과 박정희(유신) 독재를 비판하는 프레임이었다.[10] 뭔가를 지킨다는 의미 또는 급진적인 변화에 반대한다는 의미의 보수가 깊이 체화되었다고 할 수 있다. 그런데 보수 역시 주동적으로 쓴 단어가 아니었다. 이 역시 1987년 이후 급진적 변화의 움직임에 대한 대항 단어로 많이 쓰였다. 1990년 3당 합당으로 탄생한 민주자유당은 보수 대연합 시도로 언론에 회자되었다. 2000년대 중반까지만 해도 진보는 민주노동

---

10) 1951년 창당된 자유당에 합류한 이승만 대통령이 주도적으로 만든 정당의 이름도 통일노동당이었다.

당이 자신의 정체성을 나타낼 때 썼지만, 그 이후부터는 민주당 계열의 정체성을 나타내는 단어가 되었다. 스스로를 좌파로 규정하는 세력은 진보 내에서 극소수이지만, 스스로를 우파로 규정하는 세력은 자유, 보수 내에서 다수이다. 우파와 애국은 자유·보수 세력이 주도적으로 만든 단어인데, 민주·진보 세력은 그에 대한 대항 단어를 만들지 않고 외면, 무시 전략을 취해 왔다. 그래서 그리 널리 쓰이지 않는다.

1987체제의 유전자

1987체제의 빛과 그늘, 성과와 한계는 그 유전자(핵심가치) 속에 대부분 내재되어 있다. 1987체제의 그늘은 외부 환경, 즉 국제 정치지형이나 국제 통상 질서의 악화로 인해 생긴 것이 아니다. 아이가 성장하면 어릴 때 입던 옷이 맞지 아니하듯이, 빛을 만든 주요 요인들이 주체와 환경의 변화에도 불구하고 새롭게 재구성, 재창조되지 않았기 때문이다.

1987체제를 만든 첫 번째 핵심 가치(유전자)는 민주화이다. 이는 반독재(대통령의 전횡 방지), 다수 지배, 부정선거 방지(공명선거), 장기 집권 방지(평화적 정권 교체)로 등치되었다. 1987체제 주도 세력(비주류 진보)도, 그 견제·대항(주류 보수) 세력도 민주화를 '다수 지배 체제' '대통령의 전횡 방지' '평화적 정권 교체' 정도로 협소하게 해석하긴 마찬가지였다. 1987체제를 관통한 민주화 개념은 '주권자 국민이 스스로 지배하는 체제'가 아니었다. 사적 자치와 지방자치의 확대 강화 혹은 보충성 원칙에 따른 국가 권력의 관여와 개입 범위 자체의 축소가 민주화의 본령이라는 생각은 흐릿했다.

1987체제의 두 번째 유전자는 억압적 국가·권력과 자본·재벌과 문화·관습에 억눌려 있던, 자신의 욕구와 불만을 거리낌 없이 발산하는 것이었다. 한 마디로 내 자유(표현, 학문, 사상, 단체행동, 행복 추구 등), 내 권리(노동권, 주거권, 재산권, 임차권 등), 내 몫(임금, 연금, 복리후생 등)을 쟁취하는 것이었다. 1987체제 주도 세력에게 정의와 개혁은 억눌린 내 자유, 권리 찾기와 빼앗긴 내 몫 찾기라고 해도 과언이 아니다. 이런 의식의 바탕에는 자신들이 부당하게 빼앗기고 억눌려 온 힘없는 약자·피해자요, 자명한 개혁파 또는 그 대변자라는 생각이 깔려 있다.

그러니 세계와 더불어 공존 공영 가능하고, 경제적으로 번영 가능하고, 사회적으로 통합 가능하고, 환경생태적으로 지속가능한 사회적 가치와 자원 분배 체계에 대한 고민이 있을 리 없었다. 사회적 유인 보상 체계와 국가 지배 운영 구조에 대한 고민도 마찬가지였다. 1987체제 주도 세력은 새로운 발전 체제에 대한 고민 없이 세계가 경탄한 '한강의 기적'을 창조한 기존 체제에 대한 부정, 반대, 파괴로 일관했던 것이다.

1987체제 주도 세력은 새로운 발전 체제에 대한 고민 없이 세계가 경탄한 '한강의 기적'을 창조한 기존 체제에 대한 부정, 반대, 파괴로 일관했다. 새로운 발전 체제 개념 없이 특정한 가치와 특수 이익 집단의 권리, 이익을 확대 강화하면 부분적 개선(상향)이 전체적 퇴행으로 돌아오는 합성의 오류가 곳곳에서 일어나지 않을 수 없다. 오른손으로는 일자리를 만들면서 왼손으로는 일자리를 파괴하고, 일자리가 생길 만한 산업 생태계에는 제초제와 산성비를 퍼붓고는 한다. 한 손으로는 불평등을 완화한다면서 다른 한 손으로는 불평등을 심화시킨다. 소득주도성장론이 대표적이다. 이로부터 청년과 성 밖 사람들은 좁아든 물에서 아귀다툼하는 물고기떼 신세가 되어 고통과 불만을 토해 낸다. 이들은 하나같이 불공정을 호소하는데, 이는 거의 준법=반칙 엄단 요구이다. 좋은 자리(지대의 성채)의 존재 자체를 문제 삼는 것이 아니라 좋은 자리를 둘러싼 경쟁이 공정해야 한다는 것이다. 한마디로 부모 잘 만난 사람이 부당하게 그 자리를 차지하면 안 된다는 것이다. 이것이 조국 아들과 딸의 입시 부정에 청년 대학생들이 분노한 이유이다. 하지만 새로운 체제는 지대의 성채 자체를 없애거나 줄이는 것을 지향하면서 경쟁의 공정성을 추구한다.

1987체제의 세 번째 유전자는 조선의 화이질서와 사농공상의 위계서열을 체화한 조선 양반사대부 외에 비교 대상이 없을 정도로 지독한 외교안보와 시장경제에 대한 무지와 무관심이다.

그러다 보니 문재인정부는 대북, 대일, 대중 정책에서 동서고금의 외교안보 상식과 완전히 충돌하는 언행(설마주의, 온정주의 등)을 거리낌없이 하였다. 시장, 경제, 고용에 대한 무지와 무관심은 1986~1987년 민주화 투쟁과 1987~1988년 노동자 파업 투쟁이 최고조에 달한 시기가 저달러·저유가·저금리(3저)가 중첩되어 단군 이래 최대 호황기였다는 사실과 관련이 있다. 그로 인해 보수와 진보를 초월하여 한국 경제는 정치가 무슨 짓을 해도 별영향을 받지 않고 거침없이 성장한다는 관념이 자리 잡았다.

외교안보에 대한 무지는 1990년을 전후하여 소련과 동구를 중심으로 한 사회주의 국가가 몰락한 가운데 중국은 개혁 개방을 통해 한국과 경제 협력(대중국 투자와 중간재 공급 등)을 갈구하였고, 북한의 외교적 고립과 경제난으로 인해 남북간 체제 대결은 사실상 끝났다는 생각이 지배적이었기 때문이다. 사실 북한도 1990년 전후하여 붕괴한 소련과 동구권의 전철을 밟을 것이라고 생각했다. 이런 낙관을 배경에 깔고 북한을 대한민국 땅에서 살면서 몸에 밴 논리와 감성을 투영시켜 이해하려 하였다. 그 결과가 대한민국을 부유한 형으로, 북한을 가난하고 깡마르고 자존심만 남은 동생 정도로 생각한 것이다. 그래서 아낌없이 퍼주고 안아 주면 동생이 형의 품에 안길 것이라는 낭만적 생각을 하게 된 것이다.

1987체제의 네 번째 유전자이자 가장 파괴적인 유전자는

1980년대 초 '해전사(『해방 전후사의 인식』)'식 역사 인식과 현실 인식이다. 1987체제 주도 세력은 식민 체제, 분단·정전 체제, 국가 주도 발전 체제 내지 건국과 산업화의 그늘을 해소하는 것과 그 주도 세력을 청산, 척결, 궤멸시키는 것을 시대정신으로 잡았다. 조선 체제의 그늘도 안중에 없었고 세계사적 기적(빛)을 낳은 구조, 동력과 리더십도 안중에 없었다. 역사적 사실에 대한 실사구시도 없었고, 세계사와 동아시아사 속에서 조선과 남북한 역사를 조망하지도 않았다. 근현대사를 반외세-반봉건-반독재 투쟁의 역사로 보기에 기독교와 일본이 주역인 문명 발전사를 파묻었다. 대한민국 건국과 산업화의 영웅(이승만, 박정희, 친일파)은 악당, 가해자, 기득권자로 취급하고 그 대척점에 서 있던 인물(김구, 독립운동가, 전태일, 노무현 등)은 성자, 피해자로 취급하였다. 이는 x86세대 영화 감독, 시나리오 작가, 대중적 역사 강연자들을 통해 오랫동안 선전된 탓도 있지만, 기본적으로 조선에서부터 면면히 내려오는 오랜 감성과 호응하였다.

원래 1980년대 (학생)운동권이 정권과 체제를 찌르는 창은 경제였다. 1980년대 중반까지만 해도 사회주의 계획경제와 자력갱생 모델을 채택한 소련, 중국, 북한과 중소기업 중심으로 경제 발전을 이룩한 대만이 대한민국이 이룩한 성과(한강의 기적)를 폄하하고, 그 그늘을 질타하는 유력한 준거였다. 외자外資 의존 수출 주도 경제라서 독점을 강화하고 종속을 심화하는 까닭에 결국 필연적으로 망국에 이를 수밖에 없다는 주장이 그것이다. 바로 박현채의 '민족경제론'이 이론적 지주 중의 하나였다. 그 뒤에 라틴아메리카 경제 발전(?) 경험에 입각한 '종속이론'이 들어왔고, 북한산 '식민지반봉건사회론'이 들어왔다. 그런데 1990년을 전후하여 소련·동구가 몰락하고, 중국과 북한의 실상이 드러난 데 반해, 한국은 3저 호황과 삼성전자 등 재벌대기업의 일취월장 등으로 인해, 사회주의나 민족경제론(자립 경제)을 준거로 한 기존 체제에 대한 부정 내지 폄하는 꼬리를 감추었다. 1990년 전후해서는 '신식민지 국가독점자본주의론'과 '식민지반자본주의론'으로 갈렸다가 1990년대 중반쯤 둘 다 봄눈 녹듯 사라졌다. 외환위기를 거치면서는 유럽 복지국가와 (기업에 대한 소유가 분산되어 있고, 불공정한 상거래 행위에 대한 처벌이 엄정한) 미국이 그늘을 질타하는 유력한 준거가 되었다. 이를 뒷배로 하여 격차 해소, 재벌개혁=경제민주화, 복지 강화, 공공성 강화, 노동권 강화가 시대정신처럼 부상했다. 각종 좌파 혁명론은 자취를 감추고, 이들 혁명론자들이 개량주의라고 비판한 경제 개혁 사조가 주류가 되었다. 이들을 대표하는 시민단체가 바로 경실련과 참여연대이다. 하지만 과거 좌파 혁명론을 부르짖던 사람들과 노동·공공 기득권 세력은 제반 경제 사회 정책을 '신자유주의'로 싸잡아 비판하고 저항했다. 이는 노동·공공 기득권의 이해와 요구도 받아 안았기에 이념과 이권(기득권)이 뒤범벅되었다. 정권과 체제를 찌르는 창이 경제였던 시절에는 지도적 위치에 있던 운동권들은 칼 마르크스의 '자본'을 중심으로 경제 이론을 접했다. 사회구성체 논쟁도 기본적으로는 경제 체제를 둘러싼 한국 사회의 성격에 관한 것이었다. 그래서 비록 편협하고 빈약했어도 가설-검증-논쟁-새로운 가설-재검증으로 이어지는 지적 풍토가 어느 정도 유지됐다. 이론은 종교가 아니었으니까. 그런데 지금 청와대와 여의도와 언론 방송을 지배하는 집단의 날카로운 창이자 만능 방패는 역사(인식)이다. 조선(말기)의 짙은 그늘은 모르쇠하고 대한민국 건국, 산업화의 그늘과 민주화운동의 빛에는 엄청나게 큰 확대경을 들이댔다. 가설-검증-논쟁이라는 지적 풍토가 사라지고, 진영 논리는 검증과 논쟁을 불허하는 종교가 되었다. 지적 풍토가 총체적으로 저열해졌다. 무지, 착각, 왜곡, 은폐, 과장으로 점철된 역사 인식이 한국 정치와 사회 발전을 가로막는 결정적인 걸림돌로 되었다.

1987체제 하에서 출범한 정부 7개 중에서 역사 인식(서사와 상징)이 가장 1980년대 운동권스러운 것이 문재인정부이다. 대한민국 흑역사의 실상과 원인을 냉철하게 성찰하기보다는 자신에게 정치적으로 유리하고, 상대는 불리한 부분만 집중적으로 부각시켜 왔다. 그래서 역사를 왜곡하여 주류, 보수를 악마화 하였다. 1987체제 주도 세력은 자신의 계보와 가치를 동학(반외세 반봉건)-항일-통일·평화-민주/진보/개혁/평화/공공/노동(노조, 공무원)/비기득권/약자·피해자/5.18 유공자로 설정하고, 주류 보수를 노론-친일·친

미-분단·냉전-독재/보수/기득권/시장/자본(재벌)/강자·가해
자/5.18 진압군으로 매도하였다. 자신들의 상징 인물은 전봉준-
김구-가난한 독립 투사-전태일-김대중, 노무현-문재인으로, 주
류 보수의 상징 인물은 이완용-이승만-부유한 친일파 후손-박
정희-전두환-박근혜로 설정했다. 이런 서사와 상징은 주류 보수
일각의 동의를 받았다. 이승만과 박정희로 상징되는 보수 주류보
다 김구, 김대중, 신채호, 전태일, 문익환으로 상징되는 비운의 정
치인, 운동가, 비주류의 문화적 매력이 압도하였다.

예컨대 2007년 여의도통신이 국회의원 299명을 대상으로 '가
장 존경하는 인물은 누구입니까?'(답변 263명, 미답변 36명)를 조
사했는데, 백범 김구가 압도적인 1위를 차지하였다.[11] 하지만 건
국 대통령 이승만은 단 한 명도 존경하는 인물로 선택하지 않았
다. 당시 김구를 1순위로 선택한 의원은 79명인데, 2순위와 3순
위까지 합치면 89명이 선택하였다. 김구는 모든 정당, 성별, 지역,
연령의 지지를 골고루 받았다. 이 조사에서 존경하는 인물 1순
위 선택자는 이순신(31명), 정약용(16명), 세종대왕(10명), 아버지
(8명), 링컨(7명), 간디(6명), 안창호, 전태일, 장준하, 안중근, 루즈
벨트(이상 4명), 문익환, 박정희, 신채호, 김대중, 정조대왕, 만델라,
대처(이상 3명) 등 순이었다. 박정희(김성조, 김태환, 송영선)와 김대

---

11) http://www.pdjournal.com/news/articleView.html?idxno=11087
   (2007. 5. 29) PD저널 기사,

중(김현미, 이낙연, 정동채)은 각 3표를 얻었다. 박근혜 의원은 아버지를 선택했기에 박정희를 선택한 의원은 실제로는 총 4명이라고 할 수 있다. 하지만 이승만, 최규하, 전두환, 노태우, 김영삼을 존경한다고 밝힌 의원이 단 한 명도 없었다. 조선 중기 이후 선비들의 사표가 개국 공신들이 아니라 조광조가 되고, 2007년 당시 의원들의 사표가 이승만이 아닌 김구가 된 것은 정신문화에서 일맥상통하는 것이 있기 때문이다. 그것은 바로 정치에서 결과(책임) 윤리가 아니라 동기 윤리를 크게 치는 태도이다. 국가의 본령인 안보나 민생(국리민복)에 별로 가치 부여를 하지 않아도 되었기 때문이다.

박태준이 2000년대 초 박정희 대통령으로부터 받은 시가 10억 원 상당의 아현동 집을 박원순의 아름다운재단에 기부하고, 이명박 전 대통령이 서울시장(2002~2006년) 시절 월급 전액을 아름다운재단에 기부하여 '등불기금(4억 1,370만 원)'을 조성하고, 환경미화원과 그 가족 생계비 지원한 것은 당시 탈 이념적 시민운동을 한 박원순의 매력을 빼놓고는 설명할 수가 없다. 이는 이명박 대통령이 집권 초기에 일어난 대규모 광우병 시위에 유화적으로 대처하고, 중도실용 노선과 공정 사회를 외친 배경이기도 하다. 전교조나 민노총 등이 교육 현장과 산업 현장을 장악해 나가는 것을 방치한 것도 진보와 노동에 대한 외경심을 빼놓고 설명할 수가 없다.

어느 나라나 있는 진보(좌파)와 보수(우파)의 차이를 가치의 우선 순위에 대한 이견을 가진 상호 존중, 보완, 경쟁하는 관계가 아니라 선악, 정사, 정의-불의, 도덕-부도덕, 개혁-적폐로 갈라 척살하고 궤멸시켜야 하는 관계로 설정하면 상호 대립, 갈등, 증오가 극심해지지 않을 수가 없다. 정치 대립 구도가 독선, 숙청, 절멸의 조선 사화 정치와 유사한 모습을 띠게 된 것이다. 이는 민주 공화정의 철학적 토대와 기둥이 거의 다 무너져 버린 것이나 마찬가지이다.

1987체제 주도 세력, 특히 문재인정부와 민주당이 주로 휘두르는 무기는 과거 흑역사에 근거한 도덕 담론이다. 불평등 양극화 등 많은 모순부조리를 힘센 악당=적폐 탓으로 돌리는 것이 단적인 예이다. 이들에 의해 힘센 악당=원흉=적폐로 지목된 존재는 노론-친일-독재-분단·냉전의 맥을 잇는 부정부패-기득권(재벌, 보수언론, 보수 사법기관 등)의 대변자인 보수 정치집단, 즉 민정당-민자당-한나라당-새누리당-자유한국당-미래통합당-국민의힘이다. 이들 청산, 척결, 궤멸을 위해 돌팔매질을 하면 자동으로 민주, 정의의 편에 서게 된다고 생각한다. 이를 입증하기 위해 대한민국 건국, 산업화의 그늘을 침소봉대하고 민주화 과정과 보수 정권 하에서 일어난 사건·사고로 인한 희생자·피해자를 끊임없이 찾아내고, 이들의 억울함을 풀어 주겠다고 한다. 이 작업은 현재 동학까지 거슬러 올라가 있다.

여기에 대한 주류 보수의 대항 담론은 좌빨·종북·주사파·사회주의·연방제 통일 결사 저지 담론과 위선, 독선, 무능 담론이다. 동시에 이승만, 박정희가 이룩한 위대한 성과에 대한 일방적 찬양이다. 그 그늘은 무시한다. 그런데 메신저의 신뢰성이 떨어지고, 언론과 SNS 화력 차이로 인해 3040에 대한 설득력에 한계가 있다. 현실의 수많은 모순부조리(격차, 결핍, 불안, 불공정 등)의 원흉으로 집권 기간이 긴 주류 보수 세력을 지목하는 것이 아무래도 더 설득력이 있기 때문일 것이다.

도덕 담론은 한 마디로 악당(거악) 원흉론이다. 동시에 개인 완성(인격 도야) 만능론이다. 권력자, 권력 집단이 선하면 만사형통이라는 것이다. 따라서 위선 시비를 부를 수밖에 없다. 도덕 담론은 인간을 규율하는 제도(유인보상 혹은 징벌 체계), 시스템, 구조에 대한 외면 혹은 무지에 뿌리를 박고 있기에 무능이 필연이다.

반복되는 성찰·반성의 부재와 정치·정책 실패

1990년 전후한 시기의 소련 동구 몰락과 베를린장벽 붕괴, 1960~1970년대 중국 문화혁명과 1979년 이후 개혁개방, 1989년 천안문사태, 1980년대 중반부터 시작된 민주화 도미노(필리핀, 한국, 대만, 남미 등)와 2000년대 아랍 민주화 도미노 등은 세계사적 사건이다 보니 세계 석학들과 주요 언론들이 그 원인과 의미를 천착하였다.

하지만 소련 동구와 중국 등에서 행해진 정치(체제) 실험의 근저에 있던 철학, 가치, 방법에 대한 성찰·반성은 적어도 한국 정치와 지식 사회와 시민운동에는 그리 깊이 스며들지 못했다. 식민지 조선의 좌파 지식인과 민족주의자들이 목숨 바쳐 지키려고 했던 북한의 참상과 대한민국의 수많은 열혈 청년들이 온 몸과 마음을 바쳤던 한국 학생운동-민주화운동-노동운동(노동조합)-시민운동(경실련, 참여연대, 정의기억연대, 환경운동연합 등)-정치·정당 개혁 운동의 실패, 좌절, 변질은 국지적 사건이어서인지, 아니면 그 주체들의 나태나 아집 때문인지 몰라도 그 성찰·반성의 수준은 빈약하기 짝이 없다. 성찰·반성을 외면하거나 비껴간 역사적 사건은 이뿐 아니다.

1997년 외환위기와 김대중정부의 4대(노동, 공공, 금융, 재벌)개혁도, 노무현정부의 개혁(정치, 언론, 교육… 비전2030)도, 이명박·박근혜 정부의 개혁과 국정 운영도, 1987년 이후 30여 년 동안 한국 정치를 규율해 온 1987체제의 빛과 그늘 역시 오십보백보였다. 그 결과 15~30년 전부터 절체절명의 국가적 난제라고 이구동성으로 부르짖어 온 현안, 즉 저출산 고령화, 청년 일자리난과 외국인 노동자 폭증, 노동시장 이중 구조, 과도하고 불합리한 격차(불평등, 양극화), 촘촘하고 경직되고 불합리한 규제, 지속불가능한 공적 연금, 적실성과 효율성이 급전직하하여 고비용 저효율이 명백한 교육 체제, 지대 추구의 온상이 된 주택·부동산 문제, 지방의 저발전과 해바라기=지역 균형 발전=서울·수도권 집중 문제, 정치의 혼미, 무능, 가치 전도, 심각한 사회적 균열, 갈등도 개선이나 개혁은커녕 악화일로를 걷는 조짐이 뚜렷하다. 북한 비핵화도 물 건너가 게 분명하다. 그럼에도 이 중차대한 문제들에 대한 성찰과 반성은 부실하기 짝이 없다. 2019년 10월 3일 광화문 광장의 함성과 2020년 4월 16일 삼성전자 연구실의 하이파이브는 한국 정치의 고질병인 빈약한 성찰반성이라는 하나의 뿌리에서 나온 두 개의 굵은 가지이다.

수많은 정책 실패로부터 다음 세 가지 중간 결론을 추출할 수 있다. 첫째, 한국은 서구에서 잘 자라는 귤(제도와 정책)이 탱자가 되는 일이 다반사이다. 한국의 지리(지정학), 풍토, 역사, 문화(습속)가 주요 문명국과 확연히 달라 일종의 갈라파고스적 특징을 많이 띠기 때문이다. 둘째, 한국 정치와 지식 사회는 자신의 경험과 지식(전공)에 갇혀 장님 코끼리 만지기식 진단과 대안을 내놓기 일쑤이다. 이해관계에 사로잡혀 보고 싶은 것만 보거나, 피해의식에 사로잡혀 자라 보고 놀란 가슴 솥뚜껑 보고 놀라는 등 사건과 사물을 있는 그대로 보지 못하기 때문이다. 그래서 분절적, 파편적, 일면적 인식에 사로잡혀 종합적, 구조적, 심층적 인식에 잘 도달하지 못한다. 결과적으로 한국은 융복합 문제를 거의 풀지 못할 뿐만 아니라 단순한 문제라 하더라도 조직된 특수이익

집단의 이해와 요구를 잘 거스르지 못한다. 셋째 정당과 정치 집단의 성찰, 반성, 통찰, 비전, 조직, 시스템, 조직 문화 등이 전반적으로 부실하다는 것이다. 이는 시대적 소임을 다한 헌법과 정치 기득권에 편향된 정치 관계법과 조선의 습속에 찌든 대중의 정신문화에서 연유하기에 간단히 해결될 수 있는 문제가 아니다.

그러므로 지금 대한민국의 산적한 융복합 문제를 풀기 위해서는 선진국에서 유행한 이념, 제도, 정책을 수입하는 것으로는 안 된다는 것이다. 이제 이념과 제도, 정책의 독자 개발, 즉 독자적인 개념 설계(Concept Design)에 기초한 종합적인 국가 비전(경세방략) 없이는 당과 국가와 국민을 책임질 수도 없다는 얘기이다. 물론 이는 전공의 우물에서 헤어나지 못하는 특정 분야 전문가에게 외주를 주어서 해결할 수 없다. 이념, 제도, 정책, 예산의 개념 설계가 아니라 효과적인 실행 내지 자기 책임 분야 수비에 특화된 관료에게 지시해서 해결할 문제도 아니다. 오직 역사와 국민에 대한 책임의식을 바탕으로, 정치의 본령에 충실한 좋은 정치인과 정당의 열정, 지혜, 용기로써 해결할 수 있다.

2부
국민의힘으로는
왜 안 되나

1장 국민의힘의 실체

당원과 골조

미래통합당이든 더불어민주당은 정당에 가입만 하면 일반 당원 자격이 주어진다. 당비 1,000원 이상을 3개월 이상 납부(자동이체)한 당원을 미래통합당·국민의힘은 책임당원이라 부르고, 더불어민주당은 6개월 이상 납부(자동이체)한 당원을 권리당원이라 부른다. 국민의힘의 당권, 대권 주자 선거에서 큰 영향을 미치는 책임당원 숫자는 김종인의 《미래한국》 인터뷰(2020. 5. 30)에 따르면 30만 명인데, 실제는 그보다 훨씬 적다는 것(대략 10만 명 내외)이 정설이다.[12] 유의미한 당원 수(당대표 선거 투표자)는 전당대회를 통해 유추할 수 있다.

2019년 2월 27일 자유한국당 전당대회(당 대표·최고위원 선거)에서는 대의원과 책임당원, 일반당원으로 구성된 선거인단의 모바

---

12)더불어민주당은 권리당원 숫자를 103만 명이라고 하는데, 2018년 8월 25일 전당대회 당시 발표한 권리당원은 총 710,799명이고, 실제 ARS투표에 참가한 당원은 246,496명(투표율: 34.68%)이었다. 당시 전당대회 경선규칙은 당대표, 최고의원 모두 대의원 투표 45%, 권리당원 ARS 투표 40%, 일반 국민 여론조사 10%, 일반 당원 여론조사 5%를 합산 집계하였는데, 전국 대의원 투표의 경우 총 선거인 수 15,745명에 유효 투표자 수가 11,832명, 투표율은 75.15%이었고, 권리당원 투표는 총 선거인 수 710,799명, 유효 투표자수 246,496명, 투표율 34.68%(ARS)이었다.

일 투표 및 현장 투표(70%)와 일반 국민 대상 여론조사(30%) 결과를 합산하는 방식으로 치러졌다. 총 선거인단 378,067명에 당대표 유효 투표자 수가 96,103명(투표율 25.4%)이었다. 모바일 사전투표의 투표율(2.23)은 20.57%이었고, 현장 투표를 합산한 결과 선거인단 투표율은 24.6%를 기록하였다.

〈2019. 2. 27 자유한국당 전당대회 결과〉

기호	성명	선거인단 투표 (70%)	국민 여론조사 (30%)	총 득표율	순위
1	황교안	55.3% (53,185표)	37.7% (15,527표)	50.1% (68,713표)	1위
2	오세훈	22.9% (21,963표)	50.2% (20,689표)	31.0% (42,653표)	2위
3	김진태	21.8% (20,995표)	12.1% (4,969표)	18.9% (25,924표)	3위

당비가 1000원에 불과한 것은 월 1000원(CMS 수수료 제외하면 몇 백 원)의 효용을 당이 주지 않기 때문이다. 동시에 수백억 원의 국고 보조금과 소수의 거액 당비가 있기에 책임당원의 재정적 기여가 별 의미가 없기 때문이다. 국민의힘이나 민주당이나 당원이 자신의 의사와 요구를 조금이라도 반영하는 통로는 사실상 전당대회뿐이다. 하지만 임기가 법적으로 정해져 있지 않는, 정치적 약속에 의해 임기 최소 1년짜리 김종인 비대위를 출범시킨 데서 보듯이 전당대회는 얼마든지 연기하거나 기피할 수가 있다. 전당대회 시 투표권이 있는 당원 자격 요건도 당원 투표 반영 비율과

여론조사 반영 비율도 당권파가 정하기 나름이다. 재보선 후보, 당대표 후보, 대선 후보 경선 때 여론조사 반영 비율을 50~80%로 하는 경우가 대부분이다.

이렇듯 국회의원이나 지자체장 등 공직 후보 선출 과정에서도 당원이 자신의 의사와 요구를 반영할 수 있는 통로는 얼마든지 좁혀 버리거나 차단할 수 있다. 21대 국회의원 후보 선정 과정에서 경선을 도입한 더불어민주당이 조금은 나은 편이다. 미래통합당·국민의힘 당원의 대부분은 가치와 이념에 동의해서가 아니라 공직 후보자가 되고 싶어 하는 사람의 부탁을 받아 '당원을 해주는' 사람이 대부분이라고 해도 과언이 아니다. 당비가 월 1000원에 불과한 것은 그 때문이다.

미래통합당·국민의힘과 더불어민주당의 견고함은 기본적으로 양당에 의한 정치 독과점을 초래하는 선거제도 및 정당제도와 국고 보조금(정치 자금) 제도에서 나온다. 양대 정당은 선출직이나 정무직, 공직에 진출할 수 있는 거의 유일한 통로이자 직업 정치를 하면서 생계를 해결할 수 있는 유력한 수단이다. 민주당과 정의당의 중견 활동가들은 거액의 조합비나 회비로 굴러가는 노동조합 및 시민단체와 밀접한 연계를 가져왔다. 특히 2017년 국가 권력과 2018년 지방 권력 장악 이후 생계 수단은 훨씬 다양해지고 풍족해졌다. 하지만 국민의힘이나 보수·자유·우파 정당은 기댈 곳이 별로 없다. 지지층을 기준으로 경제력을 따지면 보수·

자유·우파가 압도할 것이다. 하지만 그 정치적 대변자인 정당이나 정치 세력의 경제력은 진보·좌파가 압도할 것이다. 그뿐 아니라 조직력도 압도할 것이다. 노동조합을 든든한 뒷배로 가지고 있기 때문이다.

일반적으로 정당은 가치와 이념을 공유하며 선거를 통해 공직을 획득하고, 이후 국가나 지자체 경영을 목표로 하는 결사로 정의된다. 그런데 한국의 양대 정당은 공유하는 가치, 이념이 부실하다. 국가 비전과 지방(지자체) 비전도, 운영 노하우도 준비된 일꾼도 다 부실하다. 국가 권력과 지방 권력 둘 다 놓쳐 버린 국민의힘은 더 부실하다.

사실 정당이 아니라 사람(대통령과 캠프)이 집권의 주체가 되는 대통령 중심제는 정당을 부실하게 만드는 측면이 있다. 그렇다 하더라도 제도 탓만 할 수는 없다. 한나라당~국민의힘으로 이어지는 보수 정당의 경우 정치와 정당과 정치 생태계에 대한 이해가 일천한 관료, 기업인 출신 지도자들(이회창, 이명박, 황교안)에 의해 정당과 정치 생태계의 부실은 가속화되었다. 관료, 기업인 출신이 아닌 홍준표, 김무성, 박근혜 역시도 이를 막지 못하였다.

그럼에도 국민의힘의 정치적 위상은 굳건해 보인다. 하지만 정당 구성원들의 결합 관계는 모래알이거나 푸석푸석한 흙덩이라고 해도 과언이 아니다. 공유하는 가치와 이념도 없고, 비전과 정책도 없고, 교육과 토론도 없고, 공심公心과 동지애도 없다. 국민의힘은 독과점을 보장한 한국 특유의 정치·선거제도라는 강철관에 의해 버티는 정치 조직이라고 할 수 있다. 정치·선거제도를 보지 않고, 그 내용물(구성원의 결합 관계와 정신문화 등)만 보면 하루아침에 무너뜨릴 수 있는 정치 조직으로 보인다. 하지만 제도라는 강철관은 너무나 견고하다.

한국의 양대 정당은 출마(의향)자 또는 당선자의 카르텔이다. 공동 사업도 거의 없고, 동지 의식(동업자 의식)도 별로 없는 소상인 연합체에 가깝다. 이명박·박근혜 정부 시절에는 민주당이 그랬고, 지금은 국민의힘이 그렇다. 따라서 국민의힘은 당 자체의 힘으로는 문 정부와 거대 여당의 폭주를 제대로 견제할 수가 없다. 더군다나 180석 민주당의 폭주가 본격화된 21대 국회에서는 원내외의 연합 투쟁이 절실한데, 국민의힘은 행동하는 보수 세력을 배척, 폄훼하면서 조직 동원력을 많이 상실하였다. 설상가상으로 기백, 강단, 공심, 동지애 등의 총화인 '혼'은 그 어떤 시기보다 부실하다.

의원들과 리더십

미래통합당 지역구 당선자 84명 중 초선이 40명이고, 미래한국당의 비례대표 당선자 19명 중 초선은 18명(정운천 의원 제외)으로, 합당 직후(2020년 5월말 기준) 미래통합당 의원 103명 중

58명(56.3%)이 초선이다. 미래통합당 당선자의 대부분은 공천이 곧 당선으로 이어지는 좋은 표밭 출신들이다. 표밭의 성격을 보여 주는 가늠자는 미래한국당 정당 득표율 또는 보수 5당의 득표율 합이다.

미래통합당 당선자들은 미래한국당이 민주당계 2개 정당의 득표율 합에 크게 밀리거나, 보수 5당 합이 진보 5당 합에 비해 크게 밀리는 나쁜 표밭에서 개인의 탁월한 수완과 매력으로 당선된 후보가 단 한 명도 없다. 출마-낙선을 반복하며 정치적으로 성숙해지면서 어렵게 의원직을 쟁취한 사람도 별로 없다. 한 마디로 공관위의 중진 물갈이와 신진 낙점 등에 힘입어 비교적 손쉽게 당선된 사람들이 대부분이다.

따라서 미래통합당·국민의힘 의원들은 선거가 다가오면 생사여탈권을 쥔 공천권자(당대표나 공관위 등)의 눈이나 경선 룰을 먼저 살필 가능성이 크다. 재선 욕심이 있는 의원은 4년 내내 여론조사에 응답할 일부 지역구민들의 환심을 사고, 최대한 이들을 조직하기 위해 노심초사하게 되어 있다. 눈이 대한민국과 민심의 바다를 향해 열리기 쉽지 않다. 하지만 개별 지역구에서 제 아무리 각개전투 능력이 뛰어나다 해도 정당 지지율이 오르지 않는 한, 당선이 무망한 지역(대체로 서울, 경기, 인천, 대전, 호남 등)은 당의 매력도 제고=비호감도 감소와 시대정신이나 국가적 어젠다 등을 치열하게 고민하지 않을 수 없다. 그런 점에서 미래통합당 의원의 지역구 구성(좋은 표밭 출신이 압도적 다수)은 향후 자유, 보수 진영을 이끌 미래 리더십과 건강한 조직문화에 적신호가 들어왔다는 것을 의미한다.

사실 당선자 숫자와 지역 못지않게 중요한 것은 이른바 정치 근육[13]이 좋은 미래 리더십의 부재 내지 취약이다. 초선이라 할지라도 정치 근육이 튼실한 용이나 호랑이과 정치인, 예컨대 김종인에게 밀리지 않는 당대표급, 대선 후보급이 있을 수 있다. 그런데 공천 과정에서 그런 의원(후보)들은 배려는커녕 오히려 배제가 되었다. 지역구 이동, 험지·사지 공천 혹은 공천 배제 등이 심하게 행해졌기 때문이다. 황교안의 심모원려(?)에 의해 좋은 표밭에 공천을 받아 당선된 중진들(박진, 권영세, 주호영 등)은 그 간의 의정 활동과 정치 활동으로 미루어 보면 당에 대한 지지와 신뢰를 끌어올릴 용이나 호랑이과 정치인이라고 보기 어렵다.

국민의힘 초선들은 황교안처럼 자기 분야에서 열심히 하여 그들 나름대로 인정을 받았고, 애국 애민 정신도 있는 사람들이다. 당연히 '이제부터' 좋은 의원이 되기 위해서 혼신의 힘을 다할 각오를 보여 주고 있다. 하지만 정치라는 종합예술에 대한 연구와 고민이 깊은 사람들은 아니다. 대부분은 자신들과 정당이 무엇이

---

13)정치 근육이란 사회역사적 통찰력, 학습 능력, 성찰 능력, 균형감각, 책임·소명 의식(과대망상, 자아도취), 굳센 권력의지, 열정, 대중 친화력과 설득력(복잡한 것을 단순화하는 능력), 타이밍 선택, 신언서판, 권력의 칼을 휘둘러 낭자한 피에 대한 둔감(잔학함) 등이다. 50세까지 전문가로 산 사람들에게는 대체로 정치 근육은 없다고 보아야 한다.

결여되어 있는지 잘 알지 못할 것이다. 정치가 긴 시간에 걸쳐 개인적, 집단적 연구, 고민을 필요로 하는 종합예술 내지 고도의 전문 분야라는 것도 잘 모른다는 얘기이다. 그렇다면 자칫 중책을 맡아 당에 엄청난 해악을 끼치는 제2의 황교안이 될 수도 있다.

정치의 본령을 '가치의 권위적 배분'(authoritative allocation of values for the society)[14] 혹은 가치의 균형(우선 순위) 잡기라고 한다. 가치는 부, 권력, 명예 혹은 권리와 의무, 혜택과 부담, 위험과 이익, 권한과 책임 등이다. 헌법에 명기된 자유, 민주, 공화, 정의, 평화, 안정, 안보, 균형, 환경, 공공 복리 등도 주요한 가치이다. 이 모든 가치들은 밀접하게 연결되어 있고, 가치끼리 혹은 가치를 추구하는 사람과 제도끼리 충돌하고 있다. 가치의 권위적 배분을 하든, 가치의 우선 순위를 잡든 가치 전반을 꿰고 있어야 한다. 그러므로 정치인과 정당은 가치 배분의 3대 제도(방식)인 국가(권력), 시장(경제), 사회(공동체)를 알아야 한다. 중앙, 지방, 마을과 소공동체(커뮤니티), 가족·개인도 알아야 한다. 국가 기관이나 학문 체계가 책임지고 수비하고 연구하는 환경생태, 외교안보, 사법, 경제, 고용, 교육, 복지, 재정, 의료, 에너지, 문화, 사상이념 분야 등에 대해 오랫동안 연구해 온 관료 및 전문가와 대화가 될 정도가 되어야 한다.

---

14) 미국의 저명한 정치학자 데이비드 이스턴David Easton(1917. 6. 24~2014. 7. 19)의 유명한 정의이다. 가치의 권위적 배분은 국가 권력에 의한 강제적, 일방적 가치 할당이다.

정치와 국가의 사명이 헌법적 가치의 구현이라면 이들의 훼손과 왜곡의 양상과 그 원인에 대해 천착해야 한다. 그러면 대체로 유럽, 미국, 일본, 중국 등과 확연히 다른 한국의 주요 제도, 즉 국가, 시장, 사회와 법률, 대통령령, 공무원, 정당, 지자체, 정치 등의 작동 메커니즘을 살필 수밖에 없다. 주요 국정 현안 문제들은 다른 국가와 비교해 보고, 그 문제의 과거(해결 시도와 실패)와 현재의 양상을 비교해 보아야 한다. 요컨대 국제적으로 살피고, 역사적으로 살피고, 무엇이 왜 다른지 따져 보아야 한다. 이것이 정치적, 사회 역사적 통찰력의 모태이다. 종합예술로서의 정치는 이런 연구, 고민, 통찰을 딛고 서 있어야 한다. 당의 총노선(정강 정책)과 이슈 파이팅은 이런 연구, 고민의 총화이다. 요컨대 정당이 부실한 상태에서 특정 분야나 가치에 몰입하여 성과를 거둔 전문가나 직능 대표들이 종합예술가인 정치인으로 거듭나는 것은 너무나 어렵다는 얘기이다.

한국의 양대 정당은 내각제 국가와 달리 정당(정당 연구소나 사무처 포함) 안에 그 연구, 고민을 축적하는 시스템이 사실상 없다. 미국은 워싱턴DC 인근의 수많은 (회전문 역할도 하는) 민간 공공 정책연구소에서 그 연구와 고민을 축적, 숙성시키지만 한국은 그런 곳이 없다. 국책연구소는 집권 정당과 관료의 질문(문제의식)에 답하기 위해 존재한다. 수많은 실패와 좌절을 겪으며, 개인적으로 종합예술로서의 정치에 대한 연구, 고민을 상대적으로 많이

한 사람들은 공천과 본선을 거치면서 대부분 원내 진입에 실패하였고, 당에서 중요한 역할이 주어지지도 않는다. 진짜 문제는 보수와 진보를 막론하고, 또 원내와 원외 혹은 재야를 막론하고 제대로 된 정치와 정당을 위해 무엇이 필요한지 혹은 무엇이 치명적으로 결여되어 있는지를 잘 모른다는 사실이다.

김종인 비대위라는 창으로 들여다 본 국민의힘의 속살

국민의힘(미래통합당) 지역구 당선자 84명의 토론과 투표로 김종인을 비대위원장으로 추대하였다. 이 과정에서 58명의 초선들이 큰 영향을 미쳤다. 당헌 당규상 임기는 없지만, 정치적 합의에 의해 최소 1년짜리 비대위는 정당 역사상 전례가 없는 일로, 당의 민주성(평당원의 발언권)과 자강 역량(이미지)을 크게 훼손한 아주 특이한 결정이라고 할 수 있다. 이는 당의 다수 의원들과 중진 의원들의 생각을 들여다볼 수 있는 창(window)의 하나이다. 정무적 판단력과 언어 구사력 외에 가진 것이 별로 없는, 전두환·노태우 정부 시기가 전성기였던 늙고 낡은 김종인을 비대위장으로 추대한 것은 84명의 의원들의 안목, 패기, 조직문화, 정치적 판단의 총화이다.

84명의 당선자들의 다수(대략 2/3), 특히 초선 의원의 다수가 김종인 비대위에 찬성표를 던진 이유는 다음과 같이 정리할 수 있다.

첫째, 당헌 당규대로 2020년 8월 전당대회를 했을 때 계파 싸움(분열과 추문) 재연을 우려한 의원들이 적지 않았다.

둘째, 중진 의원들이나 주호영, 김무성 등 바른정당(비박 탈당파나 복당파) 출신들의 경우, 조기 전대를 치를 때 유력한 당권 주자로 예상되는 친박, 반탄, 친 아스팔트 우파 정치인(예컨대 조경태 의원 등)을 견제해야 하는데, 그 대안이 마땅치 않다고 판단했다. 그와 더불어 2021년에 전당대회를 치르면, 비대위 체제하에서 사고 지구당 등을 자파로 채워 주호영 자신이 보다 유리한 고지를 점할 수 있다는 정략도 있었다. 한편 홍준표, 김태호 등 무소속 당선자들의 입당(금의환향)에 대한 부담을 느낀 의원들도 적지 않았는데, 이는 김종인도 마찬가지였기에 김종인에 대한 선호도가 더 높아졌을 것이다.

셋째, 김종인의 정치 이력 및 이미지로부터 중도 외연 확장 가능성이 있다고 보았다. 김종인은 전두환·노태우 정부에서 중책을 맡았기에 보수임은 확실하다. 헌법 119조 2항의 경제민주화를 간판 상품으로 가지고 있다. 그 때문에 박근혜 캠프에서 중책을 맡았지만, 그 주장을 별로 수용하지 않았기에 박근혜정부와 내내 불편한 관계였다. 바로 그 때문에 2016년 총선 직전 민주당 비대위원장으로 추대되어 민주당 승리에 기여하고, 비례대표 5번 순번으로 국회의원이 되었다. 하지만 2017년 초에는 민주당을 탈당하고, 대선에 출마하려고 하다가 막판에 접었다. 문재인정부 출범 이후에는 문 정부와도 불편한 관계였다. 그러면서도 광장의 탄핵 반대 태극기 세력도 좋지 않게 생각했다. 이렇게 보면 유승민, 주호영, 김무성 등 바른정당 계열의 노선과 상당히 부합되는 측면이 많다.

넷째, 권위를 희구하고 권위에 쉽게 복종하는 조직 문화이다. 이는 민주당이나 정의당과 달리 학생운동이나 시민운동으로 성장하고 단련된 사람들이 거의 없기 때문이다. 다시 말해 운동이나 장사(비즈니스)로 성장한 사람이 아니라 상속자이거나 시험을 통해 어떤 자격을 획득하여 낙점을 받은 사람들이 대부분이기에 권위에 대한 희구는 더했다.

다섯째, 의원 다수가 생각하는 권위의 성격이다. 비대위원장은 당을 이끌 만한 경험과 실력, 컨텐츠와 (과단성, 돌파력, 정무적 감각의 총화인) 정치 근육이 있으면서도 자신의 계파를 만들거나 자신이 당권, 대권 주자가 되려고 하지 않는 사람이어야 한다는 것이다. 그래서 낙선 인사들이 배제되고, 널리 알려져 있지 않은 젊은 정치인이나 신망 있는 보수 원로도 배제되었다. 결국 경험과 실력, 명망과 권위(명문가 출신 5선 의원)는 있지만 정치적 야욕(자기 계파 형성 의지나 대권욕)은 없어 보이고, 얼마 안 있다 떠날 사람처럼 보이는 김종인 비대위 체제로 1년쯤 가자는 데 의견이 모였던 것이다. 물론 김종인이 정치적 야욕이 없다고 본 것은 그야말로 순진한 착각이었다.

큰 틀에서 보면 김종인 비대위는 자유, 보수, 우파 진영이 늙고 낡은 김종인만 한 리더조차 키워내지 못하였기 때문이라고도 볼 수도 있다. 동시에 전당대회를 통해 선출되는 당대표에 대한 과도한 권력 집중 내지 견제 장치 취약 때문이기도 하다. 이는 이명박, 박근혜 시대부터 계속 확인된 동지적 연대 의식과 공화주의적 조직 문화의 부재, 즉 당권파에 의한 비주류 학살과 배제의 일상화로 인해 당권은 절대 경쟁 계파에 주어서는 안 되는 권력으로 된 것이다. 요컨대 당과 보수의 지도력에 대한 비관, 김종인에 대한 순진한 착각, 4.15총선 참패와 중도층 외면 현상에 대한 성찰과 반성 부실, 주호영 등 당내 기득권 집단들의 정치적 책략 내지 꼼수(유력 당권 주자에 대한 견제), 카리스마 있는 지도자에 대한 초선들의 의존 심리와 비정치적=행정 편의적 사고[15] 등이 앞에서 끌고 뒤에서 밀면서 김종인 비대위로 달려갔던 것이다. 김종인을 비대위원장으로 모시기 위해, 그의 요구대로 당헌 당규를 개정하여 2021년 4월 7일 재보선의 공천권까지 위임하다시피 하였다.

이런 중차대한 결정 과정에서 84명의 당선인들은 반드시 한 배를 타야 할 19명의 미래한국당 당선자들과 어쨌거나 유권자의 선택을 받은 4명의 무소속 당선자와 역량 있는 험지 출마 낙선자

---

15)초선들은 전당대회가 초래할 분란은 과도하게 두려워하고, 당원 참여와 국민 이목 집중 및 감동이 가져올 큰 이익은 간과하였다.

와 수많은 낙천자들과 대의원 또는 책임당원들과 이 문제를 같이 논의하려고 하지 않았다. 무엇보다도 김종인은 공천 추태의 책임은 없지만, 총괄선대위원장으로서 선거 프레임 설정과 막판 현금 살포와 이른바 막말(?) 대응 등 선거 전략전술 관련해서 적지 않은 실수를 하였다. 그런 점에서 김종인 비대위는 이래저래 당원과 지지층의 상식과 정서에 크게 위배되는 결정이었던 것이다.

김종인 비대위 체제 출범 과정과 출범 후 김종인의 전횡, 자신은 띄우고, 당과 주요 지도자들의 위신은 실추시킨 해당 행위와 민주당 추수 노선 등에 대한 의원들의 침묵은 국민의힘의 혼과 조직 문화를 말해 준다. 국민의힘은 기본적으로 당원과 국민의 눈을 별로 의식하지도 않는다. 대의, 패기, 자강의 감동 정치를 알지 못한다. 의원 신분과 고액 세비와 9명의 비서진은 자신이 잘나서 얻었다고 생각한다. 물론 일단 의원이 되었으니 좋은 정치인이 되기 위해 열심히 노력은 하지만, 김종인 비대위 출범 과정에서 극명하게 보여 주었듯이 자신의 결정권(권한)을 정당 민주주의 원리에 따라 비非의원(원외, 낙천자, 열성 당원 등)들과 나누려 하지 않는다. 이왕 얻은 관직(의원직)을 잘 수행해야 한다는 생각은 강하지만, 필요하면 자신의 생명과 재산을 과감하게 내놓겠다는 소명의식이나 하다못해 쇼맨십도 부실하다. 그런 점에서 기회만 있으면 권한과 예산의 확대를 추구하며 행정 편의적, 엘리트주의적 사고에 익숙한 고위 공무원적 성격이 농후하다.

국민의힘은 역사와 현실을 대관소찰하여 국가와 당이 나아갈 길을 찾는 안목과 기상은 더 취약해졌다. 지적, 이념적 자부심도 취약하다. 동지적 유대로 전선을 돌파해 본 적도 없기에 동지애도 취약하다. 이명박, 박근혜 시절에 계파간 배제와 학살의 정치를 벌이면서 조직 문화는 훨씬 퇴행하였다. 바로 이런 역사와 문화로 인해 상대의 집중 공격을 받는 동지를 보호하기는커녕 신속한 꼬리 자르기를 통해 자기는 살고, 동지가 죽은 자리는 자기 계파를 채워 넣는 행태가 길게 이어지고 있는 것이다.

2장 국민의힘의 강령(2020. 9. 2)

한국에서는 정당의 강령을 읽는 사람은 거의 없다. 의원들과 당직자들도 거의 읽지 않는다. 그래서 별 의미가 없다고 생각한다. 하지만 강령은 당의 주류나 당권파의 정치적 생각의 집약이다. 당의 입법, 예산, 이슈(투쟁), 메시지를 둘러싼 노선 투쟁이 벌어질 때 주요한 판단 기준으로 소환되지는 않지만 주류나 당권파의 정견의 집약이기에 입법, 예산, 투쟁, 메시지 등에 포괄적인 영향력을 발휘한다. 그러므로 강령이 부실하면 법안, 정책, 예산, 인사는 말할 것도 없고 메시지와 시민운동까지 다 부실하게 된다. 강령이 종합적, 체계적이지 못하면 이곳을 때리면 저 곳이 튀어나오는 두더지잡기 놀이 정치, 다람쥐 쳇바퀴 돌기 정책, 곁가지 잡고 용쓰는 시민운동, 공(이슈) 따라 우르르 몰려다니며 싸우는 동네축구식 정치 행태가 계속될 수밖에 없다. 강령은 역사와 현실에 대한 종합적, 압축적 진단과 대안이기에 기록된 것만 가지고 시시비비하면 안 된다. 기록되지 않은 것, 누락된 것이 오히려 강령의 특징과 한계를 더 정확하게 말해 준다.

강령은 대한민국과 정당이 어디쯤 있고 어디로 가야 하는지 한마디로 위치·방향 감각을 곤두세워 읽어야 한다. 이 감각들이 곤두서 있어야 꼭 있어야 하는데 없는 것과 쓸데없는 것들이 길게 구체적으로 나열되어 있는 것을 감지할 수 있다. 변화한 현실과 시대적 요구(시대정신)를 알아야 시대착오적 가치를 감지할 수 있다. 강령은 무엇을 서술하는지, 이를 어떤 개념과 논리로 서술하는지가 매우 중요하다.

2020년 9월 2일 발표된 국민의힘 강령 〈모두의 내일을 위한 약속〉은 전문과 '우리의 믿음' 10개조와 '기본정책=10대 약속'의 3개 부분으로 구성되어 있다. 일반적으로 강령의 전문과 '믿음'에서는 누구나 동의할 수 있는 보편타당한 주장을 늘어놓는다. 그럼에도 불구하고 무수히 많은 보편타당한 주장 중에서 극히 일부만 선별=강조할 수밖에 없기에, 중시하는 가치를 드러낼 수밖에 없다.

국민의힘 강령은 과거 보수 계열 정당과 차별화를 추구하다 보니 의미심장한 주장이 많다. 전문에서는 경제민주화와 '조국 근대화 정신'과 '민주화운동 정신'이 특별히 강조되었다. 헌법 전문의 '3·1운동으로 건립된 대한민국임시정부의 법통'이라는 말이 강령에서는 '3.1독립운동 정신과 대한민국임시정부의 정통성을 이어받고'로 되어 있다. 법통이라는 말은 정신에 가깝다면 정통성은 다른 존재(독립운동 세력 등)의 통치 정당성에 대한 부정(배타성)을 의미하기에 작지 않은 변화이다. '민주화운동 정신'을 언급하면서 5·18과 6·10 항쟁을 넣다 보니 논란 희석 차원 또는 지역 차별, 홀대를 의식하여 대구, 대전, 마산, 부산의 민주화운동을 넣게 되었다. '민주화운동 정신'을 길게 서술하다 보니 경제개발5개년계획과 새마을운동으로 대표되는 '조국 근대화 정신'이 들어가게 되었다.

> 경제개발 5개년 계획과 새마을운동 등 한강의 기적을 이룩한 산업화 세대의 '조국 근대화 정신'과 자유민주주의를 공고히 한 2·28 대구 민주운동, 3·8 대전 민주 의거, 3·15 의거, 4·19 혁명, 부마항쟁, 5·18 민주화운동, 6·10항쟁 등 현대사의 '민주화운동 정신'을 이어간다.

'민주화운동 정신'과 '조국 근대화 정신'이 길게 나열되다 보니 대한민국으로서는 가장 중요한 정신인 건국(투쟁) 정신과 헌법 정신이 상대적으로 홀대 받게 되었다. 사실 헌법이나 정당의 강령에 다양한 얼굴을 가진 역사적 사건을 넣는 것, 그래서 다른 해석을 불허하는 것은 자유민주주의 정신과 상당한 거리가 있다고 보아야 한다. 운동이나 전쟁 등 역사적 사건 없이 성립된 국가는 없지만, 그 역사적 사건을 헌법 전문에 실은 현대 민주 국가는 별로 없는 이유이다.

'우리의 믿음' 10개조는 경제자유화에 대한 우려에서 출발한 경제민주화를 강조하다 보니 자유에 대한 우려나 경계심을 강하게 피력하였다.

4. 우리는 (⋯) 자유는 공동체를 깨뜨리지 않는 범위에서 허용된다고 믿는다., 7. 우리는 (⋯) 국가의 최우선 과제는 국민의 생명과 안전을 지키는 것이라고 믿는다.

자유와 권리에 따르는 책임과 의무는 헌법 전문에도 있고, 국민교육헌장에도 있다. 그런데 문 정부 출범 이후 국민기본권(자유권, 재산권)과 경제 활동의 자유에 대한 억압이 점점 심해지는 상황에서 '자유는 공동체를 깨뜨리지 않는 범위에서 허용'된다는 말은 적어도 보수 정당의 강령에 들어갈 말이 아니다. 그리고 국가의 최우선 과제는 생명, 안전, 자유, 재산인데 국가주의, 전체주의 성향을 강하게 띠는 문 정부로 인해 자유와 재산권이 심각하게 억압받는 상황에서 문 정부가 휘두르는 전가의 보도인 생명과 안전을 덩달아 강조하는 것 역시 보수 정당의 강령답지 않다. 9.2 강령은 자유민주주의 헌법의 가장 본질적인 가치이자 보수의 핵심 가치인 '자유'에 대한 대접이 너무 소홀하다.

"9. 우리는 정치가 정직하고 겸손해야 하며 모든 권력은 분립되고 견제되어야 한다고 믿는다"는 말도 정치의 소명이나 패악에 비추어 보면 너무 안이한, 하나마나한 선언이 아닐 수 없다. 정직과 겸손은 정치뿐 아니라 공직자나 권력 기관 등 모든 인간의 덕목이기 때문이다. 정치 개혁 관련 선언은 '5-1 (국민과 함께 만드는 정치 개혁)'에도 서술되어 있다.

삼권분립의 원칙을 철저히 지킨다. 제왕적 대통령제의 폐해를 줄이기 위해 대통령이 임명하는 직위를 대폭 축소한다. (…) 정부 부처에 대응하는 예비 내각을 당내에 구성하여 (…) 당론 투표는… 최소화하며 (…) '지방의회 청년 의무 공천', '주요 선거 피선거권 연령 인하' 등 정치 개혁 과제를 법제화한다.

'대통령이 임명하는 직위 대폭 축소'는 필요한 개혁이다. 하지만 문제의 핵심은 대통령, (중앙) 행정부, 국회, 법원 등 국가기관과 법령에 개인과 기업과 사회 등을 쥐락펴락할 수 있는 너무 많은 권한이 집중되어 있다는 사실이다. 이 권한은 별다른 견제 감시 장치도 없고, 이 권력을 휘두르는 공직자를 선출하고 임용하고, 교육 훈련하는 시스템은 너무나 부실하다. 요컨대 대통령의 인사권을 제한하면 대통령의 권한은 다소 축소되지만, 그 권한은 다른 국가기관이 받아 휘두른다는 것이다. 삼권 분립 원칙을 지키는 것도 중요하지만, 지금 대한민국 민주주의는 그것만으로 부족하다. 모든 국가 기관과 (지방의) 권력 기관에 대한 종적(아래로부터의 통제), 횡적(권력 기관 상호간) 견제·균형 장치가 잘 작동하도록 전면적인 재설계가 필요하다. 다시 말해 자신의 힘과 지혜로 자유(선택)와 권리를 지킨다는 자유 정신을 기반으로, 비용 편익을 엄밀히 따진 계약에 의해 권한과 책임을 위임하는 보충성 원칙을 중심으로, 보편타당한 법에 의해 자신의 자유와 권리를 위임하고 의무와 부담을 기꺼이 받아 안으며, 그 결과에 책임지도록 국가 체제를 전면적으로 재설계해야 한다. 보충성 원칙은 국가와 시장·사회 간에도, 주권자와 대리인 간에도, 개인(주민)·마을(타운)과 지방정부 간에도, 지방정부와 중앙정부 간에도, 주권 국가와 국제기구 간에도 관철되어야 한다.

강령의 '믿음'에서는 한국 자유민주주의에 대한 주된 위협을 국가주의가 아니라 권위주의에서 찾는다.

> 2. 우리는 권위주의를 거부하며, 부당한 간섭과 통제를 받지 않을 때 보다 행복할 수 있다고 믿는다.

이런 방향(주된 대립물) 착오는 정치 분야에서는 국가가 아닌 대통령의 과도한 권능에 의해 민주주의가 뒤틀린다는 생각으로, 경제 분야에서는 국가가 아닌 재벌·대기업에 의해 시장경제가 뒤틀린다는 생각으로 펼쳐진다. 그 결과가 경제자유화가 절실히 필요한 시대에 경제민주화=경제의 정치화를 핵심 가치로 놓는 것이다.

예비 내각, 당론 투표 최소화, 청년 의무 공천 등은 정당 개혁 사항으로 입법 사항도 아니다. 무엇보다도 중차대한 정치 개혁과 정당 개혁 과제들 중에서 참으로 소소한 것들이다. 물론 실효성도 의심스러운 것들이다. '청년 의무 공천'과 '여성 우대(공천)'은 정치 개혁 담론에서 빠지지 않는데, 9-2 강령에서도 언급되어있다.

　'9-1 (양성평등사회의 실질적 구현) 정치를 비롯한 공적 영역의 경우, 성별 대표성이 확보될 수 있도록 남녀 동수를 지향'하며 '성인지 교육이 현실성 있게 이뤄질 수 있도록 한다.'

　강령에 명기된 '청년 우대'와 '여성 우대' 는 결합되어 '여성 청년 우대'와 '남성 청년 홀대'로 나타났다. 세대나 성에 대한 특별한 우대와 배려는 유권자나 소비자(시장)의 선택 내지 실력에 따른 차이를 무력화하는 측면이 있다. 다시 말해 능력이 부족한 여성 엘리트의 지대 추구=불공정한 공직 획득 욕망의 충족 이상이 아니라는 얘기다. 양성평등 강령은 '9-2(성폭력 없는 사회) 아동·장애인 등 (…) 약자에 대한 성범죄의 경우 피해자 중심주의를 확고히 견지'한다고 명기되어 있다. 그런데 한국에서 통용되는 피해자 중심주의는 피해자의 눈물 내지 주장이 곧 증거라는 것으로서, 무죄 추정의 원칙과 증거 재판주의를 무시하는 등 엄청난 폐해를 낳고 있다.

　이제는 20대 남성 청년들이 역차별에 울고 있는데, 양성평등 강령은 강령 작성에 개입한 여성 엘리트의 입김과 김종인의 몇십 년 전의 경험(패턴화된 사고방식)이 씨줄과 날줄이 되어 있다. 이제는 청년, 노년, 미래 세대, 장애인, 외국인(귀화자), 소상공인, 노조, 의사, 간호사, 약사 등 세대(청년, 노년, 미래 세대 등), 계층, 지역, 직능(소상공인, 의사, 간호사, 약사, 소방관 등), 이념(정당 비례), 성적 취향(성소수자), 장애인 대표성은 강령에 명기하지 않으면서 성별 대표성을 명기하는 이유를 물어야 한다. 특정 집단 대표자에 대한 정치적 우대와 배려는 여전히 필요하지만, 다양한 집단 전체를 놓고 정치적 고려를 해야 한다. 피해자 중심주의도 법의 기본과 원칙을 무너뜨리도록 허용해서는 안 된다.

9.2 강령은 보수자유우파 정당의 강령답지 않게 형벌 만능주의 경향이 강하게 드러난다. 강령에서는 '무관용'이라는 표현이 2번, '양형 강화'라는 표현이 1번 나온다. '(1-3)편법과 반칙의 입시 비리가 밝혀질 경우, 무관용 원칙을 적용' '(8-3)아동에 대한 모든 형태의 폭력과 학대에 대해 무관용 원칙을 적용' '(9-2)성범죄에 대한 양형을 강화 (…) 성범죄에 연루된 자는 공직 등의 진출을 원천 차단'

국가 형벌권을 강화하자는 주장에는 국가주의, 형벌 만능주의, 대증적 포퓰리즘이 뒤섞여 있다. 특히 성폭력 범죄의 경우 이미 폭행이나 강도는 말할 것도 없고, 살인죄보다 더한 처벌을 하고 있다고 해도 과언이 아니다. 사실 이는 '민식이법(아동교통사고범 처벌법)' 등 포퓰리즘 입법들도 비슷하다. 법으로 강제를 하고 엄벌을 하면 문제가 해결되리라는 단순 무식한 발상이 어린이 교통사고와 성폭력 범죄에서 재연되고 있다.

9.2 강령의 치명적인 문제점은 시대적인 요구인 경제자유화보다 철 지난 요구인 경제민주화를 최우선 과제처럼 받아 안고, 시급한 공공 개혁과 탈원전 정책 폐기 등에 대해서는 함구한 것이다. 그뿐 아니라 발등에 떨어진 불이나 다름없는 복지 개혁 및 복지 확충을 외면하고 먼 미래의 일인 기본소득을 강조하고, 불평등 양극화에 대해서도 엉뚱한 처방을 한 것이다.

강령에서 공공부문에 대한 언급은 '5-2 (유능한 정부 혁신) 막대한 혈세가 소요되는 공공부문의 규모를 늘리지 않으며 우수 인력의 이탈을 막는다'고 되어 있다. 공공부문은 누가 봐도 대폭 줄여야 할 상황인데, 이를 과감히 줄인다는 표현이 없다. 공공부문은 우수한 인력 이탈이 문제가 아니라 민간·기업 분야로 가야 할 청년 인재들을 블랙홀처럼 빨아들이는 것이 문제라는 것은 상식이다. 강령에서 탈원전 정책 폐기=원자력 중흥 비전도 실종되었다. '7-2 (저탄소 청정에너지 혁명) 온실가스 발생이 낮은 핵분열, 핵융합, 바람, 수소, 태양, 물 등 저탄소 청정 에너지 사회를 실현한다. (⋯) 지속가능한 친환경 사회를 위해 스마트 그리드 구축 등 에너지 수요 관리 정책으로 바꾼다'고 되어 있는데, 이 자체를 반대할 사람은 없다. 하지만 지금은 문 정부가 70년 동안 각고의 노력으로 일궈 낸 원전 산업 생태계를 고사시키고 있는 현실에서 이것도 필요하고, 저것도 필요하다는 하나마나한 주장을 하고 있다는 사실이다. 전기차, 사물인터넷과 5G 등 4차 산업혁명 시대는 에너지 수요가 지금보다 더 늘어날 것이 확실한데, '에너지 수요 관리 정책으로 바꾸고'라는 말은 기존의 정책을 '에너지 공급 확대 정책'으로 규정했기 때문인데, 역시 방향 착오가 아닐 수 없다.

기본소득 관련 언급은 '1-1 (누구나 누리는 선택의 기회)'에 있다. '기본소득을 통해 안정적이고 자유로운 삶을 영위하도록 적극적으로 뒷받침하여 4차 산업혁명 시대를 대비한다.'

'4차 산업혁명의 도래'는 매우 준엄한 과제이긴 하지만, 그 전에 해결해야 할 치명적인 문제가 지천이다. 또 이것이 4차 산업혁명에 대비하는 관건이다. 기본소득은 '중부담 저복지'의 사실상 가렴주구苛斂誅求 국가를 '중부담 중복지'의 정상적인 복지국가로 개혁하는 작업, 다시 말해 부실하기 짝이 없는 한국 복지제도를 내실 있게 만드는 일을 오히려 방해한다. 기본소득은 필요하면 수십 년 뒤에 전격적으로 실행하면 된다. 선 지급, 후 정산 하면 되기에 실행 자체도 너무 쉽다. 게다가 한국이 앞서 나갈 필요가 없다. 기본소득에 대한 언급은 사기(사실은 기본 용돈)이자 포퓰리즘이자 복지국가의 기본 정신에 대한 부정이다. 복지 정책은 '8장 내 삶이 자유로운 나라'에 집중적으로 서술되어 있다. 문재인 '국정운영 5개년계획'에 '내 삶을 책임지는 국가'라는 국가주의적 표현을 의식하여 쓴 것처럼 보이는데, 내용은 '중복되고 실효성 없는 복지 서비스 개편' '불필요한 행정 비용을 최소화'라는 곁가지 붙들고 용쓰는 직업 공무원적 문제의식이 진하게 배어 있다.

9.2 강령의 가장 심각한 문제는 보수 가치의 실종과 경제민주화 과잉이다. 강령에 '보수'라는 단어는 없다. 사실 보수라는 말이 없어도 '보수' 가치를 잘 구현하면 되는데, 문제는 '보수' 가치가 거의 실종되어 있다는 것이다.

경제민주화라는 말은 이렇게 서술되어 있다. '(전문) 공정한 시장경제 질서를 확립하여 경제민주화를 구현하고'(전문) '(3-2)공정하고 효율적인 시장경제 질서를 수립하여 경제민주화를 구현한다.'

공정한 시장경제 질서 혹은 공정하고 효율적인 시장경제 질서만 충분한데, 왜 뜻도 모호하거나 시대착오적인 경제민주화를 병기했는지는 김종인을 배놓고는 이해하기 어렵다. 김종인은 한국이 경제민주화를 중심으로 돈다고 생각하는 것이 분명하다.

> 2012년 총선에서 국민이 새누리당을 선택한 것은 보수정당이 경제민주화를 하겠다고 하니까 안정 속에 그런 변화가 가능할 수 있겠다는 믿음에서 비롯됐다. (…) 뒤 이은 2016년 총선에서 국민은 거꾸로 야당에 희망을 걸었다. (…) 이번에는 야당에 경제민주화를 기대해 볼 수 있겠다는 생각에 민주당을 지지한 것이다. (『영원한 권력은 없다』 371쪽)

19대 총선을 앞두고 새누리당 정강 정책에서 '보수'를 빼고 '경제민주화'를 집어넣으려는 과정에서 발생한 내용이 오히려 (새누리당 득표에) 도움이 되었다. (앞의 책, 372쪽)

'(경제민주화를 하겠다고 해놓고 부정하는 등) 정직하지 못한 대통령은 임기를 채울 필요조차 없다는 준엄한 심판의 목소리' '박근혜 탄핵은 뿌리 깊은 정경유착의 고리에 대한 탄핵'(앞의 책 355쪽) '박근혜가 탄핵 받아 마땅한 행위'를 했다. (앞의 책 388쪽)

한국 헌법에는 이른바 경제민주화 조항이라는 제119조2항 외에도 경제에 관한 규제와 조정을 할 근거가 차고도 넘친다. 국가의 경제 주체 혹은 경제 행위에 대한 보장, 보호, 육성, 보장, 계도, 금지, 조정, 규제를 명기한 제120조~제125조의 6개 조항도 경제 활동의 자유 내지 사유재산권 행사의 자유를 옥죌 수 있게 한다. 특히 제123조(농어업, 지역경제, 중소기업, 농어민 이익, 농·어민과 중소기업의 자조 조직 등에 대한 보호, 육성, 보장)와 124조(건전한 소비행위 계도)가 그 압권이다. 국가가 보호 육성해야 할 중소기업은 기업의 99%이고, 소비자는 국민 전체이기 때문이다. 게다가 농어업, 농어민, 지역경제, 국토와 자원 보호 등도 거대 경제 세력에 대한 규제와 조정의 근거이다.

국가주의에 찌든 한국 현실을 직시한다면 지금의 시대적 과제는 경제민주화=경제의 정치화가 아니라 경제자유화=경제의 탈정치화이다. 시장 자치 등 사적 자치를 확대하는 일이다. 김종인은 노동개혁, 규제개혁, 공공개혁, 연금개혁, 금융개혁, 교육개혁 등이 얼마나 절실한지, 경제민주화와 포용적 성장의 이름 하에 최저임금 폭증, 주 52시간 근무제, 정규직=정상, 비정규직=비정상시, 공공부문 폭증, 경직되고 촘촘한 국가규제, 탈원전, 형사처벌 만능주의, 과도한 상속세, 법인세 문제 등이 얼마나 심각한지 별 문제의식이 없다고 해도 과언이 아니다. 경제민주화에 대한 김종인의 문제의식은 삼성그룹 등이 정권을 우습게 보면서 전방위적으로 대담하게 로비를 하던 1990년대에 머물러 있는 것처럼 보인다. 한 마디로 거대한 착각이요 자뻑이다. 스스로 부족하다고 생각하는 사람은 교정이 비교적 쉽지만, 스스로 꽉 차 있다고 생각하는 오만과 독선에 찌든 사람은 비판조차 꺼리게 된다.

그 외에도 경제 사회적 양극화에 대한 서술 역시 부실하기 짝이 없다. 강령에서 양극화라는 말은 6번 나오는데, 핵심은 다음과 같다.

3-1(사회 양극화 해소) 사회적, 경제적 양극화를 초래하는 제2의 디지털 격차 해소에 필요한 제도적 기반을 강화한다. 사회보험료 감면을 확대하고 (⋯) 모든 경제 주체는 사회공동체의 일원으로서 사회적 양극화 해소를 위해 합당한 사회적 책임과 의무를 성실

히 수행하도록 한다.

강령은 양극화의 원인으로 '경제의 질적 변화'(전문)와 '제2의 디지털 격차'를 주요하게 언급하고 있다. 물론 이들은 현재(최근 몇 년)와 미래의 양극화 요인 중에 하나는 분명하다. 하지만 지금 한국의 양극화는 다른 선진국에서는 찾아볼 수 없는 그보다 훨씬 깊은 뿌리를 갖고 있다. 한국 특유의 공공-민간, 무한 경쟁 산업-규제 산업, 조직-미조직, 정규-비정규, 대기업-중소기업, 현세대-미래 세대의 크고도 불합리한 격차를 분석하고 여기에 대한 해법을 내놓아야 하는데, 그런 것이 거의 없다.

최신 기술 트렌드나 미래학 책을 좀 본 사람이 강령 작성에 참여했는지, 알아먹기 힘들거나 그 내용도 알 수 없는 단어들이 많이 들어가 있다. 일종의 지적 허영이다.

2-2 (과학기술 기반 융합 산업 발전) 4차 산업혁명 시대의 긱 경제(Gig Economy), 플랫폼 경제, 공유경제, 온-디맨드 경제 등에 대비 (⋯) 빅데이터, 인공지능, 블록체인, 양자 컴퓨팅 등에 기반한 기술⋯ 4-1 (미래의 노동) 플랫폼 노동자, 프리랜서, 긱워커, 온라인·원격 근무

이런 최신 트렌드를 담고 있는 용어를 길게 나열하여 미래를 고

민하고 준비하는 정당이라는 이미지를 구축하려고 한 것처럼 보이는데 참으로 얕은 수작이 아닐 수 없다.

국민의힘 강령은 중도화(좌클릭), 좌경화 이전에 총체적으로 퇴행해 버렸다고 보아야 한다. 실패와 좌절, 성공과 영광의 역사에 대한 성찰도 없고 복잡다단한 한국 현실에 대한 통찰도 없다. 당면한 국가적 현안(문제·위기)에 대한 정곡을 찌르는 진단도 없고, 난마처럼 얽힌 문제·위기에 대한 종합적, 모순이 적은 대안도 없다. 너무나 조야하고 수구 반동적이기조차 하다. 오만가지 증상, 불만, 요구, 최신 기술 트렌드를 나열해 놓았을 뿐이다.

이 강령은 김종인이 몇 개 주문을 집어 넣고, 종합적 경세방략에 대해서 한 번도 고민해 보지 않은, 그래서 김종인이 지적으로 얼마나 얕고 낡은 사람인지를 모르는 젊은 정치인들과 일부 시험 엘리트(직업 공무원)들이 뚝딱뚝딱 만든 것이다.

4.15총선 참패의 결정적인 요인인 황교안-김형오-공병호의 선사후공 정신과 그 이후 비대위를 주도한 김종인-주호영의 그것이 다르지 않다. 공천 추태나 당에 대한 비호감은 대부분 여기서 발원한다. 그럼에도 불구하고 혼은 사회과학적 분석의 대상이 아니기 때문에 잘 거론하지 않는 것처럼 보인다.

3장 국민의힘의 치명적 한계

대한민국의 쇠락과 퇴행을 막고 나라를 바로 세울 정치 집단으로 기대를 한 몸에 모은 존재가 바로 '미래통합당·국민의힘'이다. 그런데 4.15총선 전 몇 개월의 행보와 의원들 및 지도부의 행태, 총선 이후 김종인 비대위 추대와 중도 외연 확장 기치 아래 이뤄진 일련의 정치적, 정책적 행보, 총선 백서와 개정 정강 정책 등을 종합할 때 국민의힘은 대한민국의 쇠락과 퇴행을 막을 수 없는 정치 집단이라는 것이 명확하다. 자유, 보수, 우파, 애국 시민과 보편 이성, 양심을 가진 시민들의 열망과 기대를 온전히 담을 수 없는 그릇이다.

국민의힘은 2021년과 2022년 대회전을 이끌 당장의 리더십도 문제이고, 그 이후에 당과 국가를 책임지고 이끌 미래 리더십도 문제다. 당원의 양과 질(성격)도 문제이고, 당 전체를 묶어 주는 혼과 이념(정강 정책)도 문제이고, 정당한 비판과 생산적 토론을 기피하는 조직 문화도 문제이고, 민주적으로 총의를 모아내는 시스템도 문제이다. 그렇기에 국민의힘으로는 대한민국의 명운을 가를 대회전 승리는 어렵다. 민주당의 막판 개과천선 변신 쇼, 능숙한 언론 조작, 상상을 초월한 포퓰리즘, 권력과 유착한 거대 이권 집단의 조직력은 반대 독점에 따른 반사이익을 일거에

쓸어갈 수 있기 때문이다. 천우신조로 승리하더라도 저들의 집요한 발목 잡기를 이겨내는 것은 더더욱 어렵다. 급속도로 쇠락·퇴행하는 대한민국을 멈춰 세우고, 다시 앞으로 힘차게 전진하도록 만드는 것은 아예 불가능하다.

혼魂이 없는 정당

국민의힘은 혼이 없는 정당이다. 4.15총선 전과 그 이후 미래통합당·국민의힘이 보여 준 행태는 이념·노선·비전·정책·리더십 이전에 혼이 있는지를 의심케 한다. 혼은 노선이나 이념이 아니다. 정치와 인생에 대한 기본 자세다. 소명의식과 사생관이 핵심이다. 혼은 소명과 대의에 대한 헌신 의지이다. 사회 역사적 책임의식이요, 선공후사 정신, 즉 공심公心이다. 혼으로부터 위선과 거짓, 오만과 독선에 대한 경멸이 나온다. 진리와 사실에 대한 치열함과 겸허함도 나온다. 혼이 바로 서 있어야 정신과 방법에 대한 자부심과 자신감이 생긴다. 인간적 의리와 당원 간 동지애도, 자강의 기백과 불굴의 용기도 다 혼에서 나온다. 진정성과 일관성도, 포용과 관용도, 통 큰 단결 의지도 다 혼에서 나온다. 포퓰리즘, 기회주의, 출세주의, 표리부동, 언행불일치, 기득권 집착 등 온갖 정치적 악덕에 대한 조소와 경멸도 다 혼에서 나온다.

정당과 정치인의 매력 혹은 호감·비호감은 압도적으로 혼에 의

존한다. 국가-시장-사회-개인·가족의 권한·자유와 책임·의무, 북한에 대한 태도와 대한민국 역사(이승만, 박정희, 김대중, 노무현 등)에 대한 입장, 변화에 대한 태도, 박근혜 탄핵의 정당성이나 문재인, 조국, 추미애의 행태에 대한 입장 등 옳고 그름이나 가치의 우선 순위를 따지는 가치·이념·노선이 X축이라면 공심, 진정성, 진실됨, 일관성, 도덕성 등 좋고(호감) 싫음(비호감)을 따지는 혼·매력은 Y축이고 혈연, 지연, 학연, 업연에 따라 편파적으로 할당되는 특수이익은 Z축이라고 보아야 한다. 전혀 다른 차원인 것이다. 그런데 정당을 공직(대통령, 국회의원, 지자체장과 당대표 등) 획득 수단으로 삼는 사람이 주류이면 혼이 자리잡을 공간이 없다. 혼이 없는 정당은 공직이나 권력 그 자체를 목적으로 하는 사람들의 카르텔에 불과하다. 배척과 배신, 협잡과 사기가 난무한다.

선거 참패에 대한 책임도 크고, 지적·이념적으로 노쇠한 김종인을 비대위원장으로 추대한 것도 이후 비대위원장 김종인의 숱한 해당 행위와 비민주적 전횡에도 불구하고 당내 비판이 거의 없는 것도 국민의힘이 혼이 없는 웰빙 클럽이기 때문이다. 국민의힘에 혼이 있다면, 특히 자신의 정신과 방법에 대한 자신감과 자부심이 있다면 애국심과 투지는 강하지만 지혜로운 방법을 잘 찾지 못하는 광화문광장 투쟁하는 시민을 함부로 '극우'나 '아스팔트 우파'라고 배척하지 않는다. 이들의 애국심과 아픔에 공감하면서, 애정 어린 대화와 설득으로 지혜로운 방법을 찾아 주려고 노력한다. 이들은 자리를 바라거나 돈을 바라고 나온 사람들도 아니요, 누군가를 당선시키기 위해 동분서주하는 팬클럽도 아니기 때문이다.

성찰과 반성이 없는 정당

국민의힘은 성찰과 반성이 없는 정당이다. 성찰은 의도와 결과의 괴리에 대한 겸허하고 냉철한 분석이다. 대한민국과 주류 보수 정치세력과 자유한국당·미래통합당·국민의힘의 공(빛)·과(그늘)와 한계·오류에 대한 냉철하고 균형 잡힌 평가 반성이다.

그런데 2020년 8월 13일 발표한 '4.15총선백서'는 김종인과 국민의힘의 녹슨 지력과 저열한 성찰·반성 능력을 극명하게 보여 주었다. 핵심 패인으로 지목한 '중도층 지지 회복 부족'의 실체와 원인을 완전히 헛짚고 있다. 중도층은 당과 보수·자유·우파가 분배보다 성장을, 평화보다 안보를, 경제민주화보다 경제자유화를, 노동권보다 재산권을, 대한민국 역사의 그늘보다 빛을, 급진 개혁보다 온건 개혁을 선호하고, 이른바 '아스팔트 우파'를 너무 가까이 하여 떨어져 나간 게 아니다. 핵심 패인은 보수·자유·우파 세력의 기득권 집착(공심 부재)과 비전 부재, 그리고 수구 좌파의 거짓 선동이 만들어 낸 두터운 비호감을 제대로 불식시키지 못한 데 있다. 한 마디로 부자·기득권 옹호 정당 이미지와 당권파의 정치 기득권 집착 행태를 확실히 불식시키지 못한 데 있다.

　원칙 없이 강경과 온건 노선을 오가고, 통합과 내려놓기를 고창하면서도 기득권 유지에 여념이 없는 당권파의 표리부동한 모습, 특히 공천 추태와 선거 전략 무능이야말로 불신과 비호감의 불에 붓는 기름이었다. 선공후사先公後私가 아니라 선사후공先私後公을 추구하여 형성된 국민의힘에 대한 비호감은 김종인 비대위 체제 하에서도 개선은커녕 오히려 악화되고 있다. 야권 내 경쟁 정당의 위축으로 독점적 지위가 공고하게 되면서, 정치 기득권의 횡포를 견제할 곳이 사실상 없어졌기 때문이다.

　1987년 이후 보수·우파 정당들은 건국과 산업화의 그늘 해소의 기치를 든 자칭 민주 진보 세력이 고창하는 가치, 제도, 정책과 도덕성 시비를 쟁점 해소 차원에서 정치공학적으로 수용해 왔다. 시간이 흐르면서 그 가치, 제도, 정책의 합성의 오류(부분적 개선과 전체적 퇴행)가 극심하게 일어남에도 불구하고 이를 해소할 담대하고 설득력 있고 종합적인 국가 비전과 이슈를 거의 제시하지 못하였다. 새로운 가치, 제도, 정책 패러다임도, 국가 비전도, 지방 발전 비전도, 정당 개혁 비전도, 새로운 꿈과 희망도 거의 제시하지 못하였다. 그것도 문 정부에 의해 온전히, 거칠게 실천되어 대부분 시대착오임이 드러났음에도!! 물론 김종인과 국민의힘 당권파들의 저열한 성찰과 반성 능력으로 미루어 이들이 새로운 가치, 정책 패러다임을 과감하고 주도적으로 제시하는 것은 연목구어이다.

통찰과 비전이 없는 정당

국민의힘은 통찰도 비전도 없는 정당이다. 대한민국이 어디쯤 있고, 어디로 가야 하는지를 가늠하는 북극성도, 나침반도, 각도 기도, 시계도 없다. 2020년 9월 2일 발표한 신강령 '모두의 내일을 위한 약속'은 통찰 부실, 비전 부재를 재확인시켜 주었다. 신강령은 공공 양반 사회와 관존민비 사회에 대한 혁파 의지도 없고, 원전 생태계 붕괴에 대한 투쟁 의지도 없다. 코로나 정치 방역에 짓밟히는 국민기본권·재산권·서민 생존권에 대한 분노도 없다. 8.15 집회 참가자들에 대한 방역 상식을 내팽개친 파쇼적 폭압을 비판하고 견제하기는커녕, 극우와 선 긋기를 한다면서 오히려 폭압을 방관하거나 옹호한다. 성범죄 피해자 중심주의 운운하며 무죄추정의 원칙과 증거재판주의를 부정하는 등 역차별에 우는 남성 청년들의 억울함과 눈물을 외면한다. 불공정을 오히려 심화시키고, 경제를 확실히 질식시키는, 철 지난 가치인 경제민주화를 신주단지 모시듯 한다. 문제의 곁가지만 잡고 용을 쓰다가 '무관용'과 '양형 강화' 운운하며 더 센 형벌로써 문제를 해결하려 한다. '지금 그리고 여기'의 모순부조리 구조와 킹핀(정중앙)을 알지 못하니, 시대에 적중하는 진정한 중도中道 역시 될 수가 없다.

그러니 신강령에는 '모두'도 없고 '내일'도 없다.

지금은 1987년 이후 거의 30여 년 만에 밀물과 썰물이 바뀌었다. 문재인정부가 자칭 민주 진보가 주창하던 철학, 가치, 정책을 온전히 그리고 철저히 구현하였으나 현실과 정면 충돌하여 철저히 파산하였다. 국정 운영 실력과 도덕성도 백일하에 드러났다. 따라서 문 정부로 인해 민주 진보의 30여 년에 걸친 도덕적, 정책적, 문화적 공세기가 끝나고 수세기로 바뀌었다고 보아야 한다. 그런데 김종인과 국민의힘은 진보의 전략적 공세기요, 보수의 전략적 수세기의 정치적, 정책적 기조를 채택하고 있다. 그런 점에서 국민의힘은 민주당·정의당처럼 '환자 상태'를 보지 않고 처방을 내리는 어리석은 의사나 다름없다. 비만 환자에게 살찌는 식단을 권하고, 비쩍 마른 환자에게 다이어트 식단을 권하는 짓과 다를 바 없는 처방을 내렸다는 얘기이다. 경제자유화가 절실히 필요한 시대에 경제민주화를 고창하고, 재산권(주주권)과 노동권, 소비자(민간) 권리와 공급자(노동자·공무원) 권리, 미래 세대(미래취업자)와 현세대(현재 취업자), 임대인과 임차인의 권리의 균형이 필요한 시대에 주로 후자의 권리만 강조하였다. 이는 중도가 아니라 수구반동일 뿐이다.

지금 켜켜이 쌓인 모순부조리의 정곡을 찌르는 개혁 노선의 대강은 미국, 일본, 유럽 등 해양문명과의 연대 강화, 적극적 해외 진출, 규제개혁, 공공개혁, 노동개혁, 연금개혁, 예산개혁, 교육개혁, 지방자치 개혁이다. 물론 개혁 중의 개혁은 정치개혁, 정당개혁, 사상혁명이다. 이 대부분은 보편 이성과 양심의 발로이자 보수·우파적 가치들이다. 그런 점에서 김종인과 국민의힘은 유권자들이 특정 정당과 후보를 왜 지지하고, 왜 반대하는지를 냉철하게 다각적으로 살피지 않는다. 단지 극우와 박근혜로부터 멀어져야 한다는 일념만 가득하다. 이들에게 극우는 태극기(반탄) 세력과 종북 좌익(주사파, 사회주의) 시비를 주로 하는 광화문광장 세력이다. 4.15총선 이후에는 블랙시위(부정선거 규탄) 세력, 즉 총선 무효 주장 세력도 추가되었다. 김종인과 국민의힘 주류는 중도를 잡는 묘책으로 극우를 쳐내고, 영남적 색채와 보수우파적 색채를 탈색해야 한다고 주장한다. 그 결론은 5.18묘소 가서 머리 조아리고, 호남에 (공공) 의대 찬성하고, 기본소득 고창하고, 코로나 방역은 초당적 협력의 이름으로 정치 방역질에 침묵하고, 말 품격 중시하고, 8.15와 10.3 집회 주도 세력과 거리두기를 하고, 당명 변경과 아울러 강령 전면 개정하고, 장외 투쟁은 거부하는 행태로 나타난다. 장외 투쟁을 거부하기로 했으면, 민주당이 법사위원장을 차지한 대가로 국민의힘에 주겠다고 한 국회 상임위원장 자리 7개를 거부한 것은 치명적인 실책이 아닐 수 없다. 통찰과 비전 부실은 전략적 오류로 나타난다.

배신과 뺄셈 정치 정당

국민의힘은 배신과 뺄셈의 정치가 골수에 스며든 정당이다. 1987년 이후 주류·보수·우파 세력은 비주류·진보·좌파들이 부르짖는 주장(부정비리 인사 청산, 국가 폭력의 희생자 신원과 보상, 재벌대기업 규제, 복지 확대, 노동권 강화 등)을 점진적, 전향적으로 수용하는 형태로 변화와 개혁을 과시해 왔다. 남경필, 원희룡, 정병국, 정태근, 유승민, 김세연 등 보수 정당(한나라당~국민의힘)의 개혁파들은 하나같이 진보·좌파들이 고창하는 가치를 수용하면서 개혁성과 새로움을 과시해 왔다. 단적으로 유승민은 스스로를 '따뜻한 보수'임을 과시하였다. 은연 중에 기존의 보수를 '차가운 보수' 내지 시장원리만 지나치게 강조하는 약자에 '매정한 보수'로 규정한 셈이다. 박근혜 탄핵 사태를 계기로 새누리당 탈당 후 바른정당을 창당하여 당의 핵심 정체성을 '도덕적 보수'로 삼았다. 그 핵심 근거는 박근혜 탄핵 찬성이었다. 이렇듯 보수·우파가 주도적으로 던진 가치, 비전, 제도, 정책은 별로 없다. 은연 중에 이승만-박정희-전두환-노태우-김영삼이 만들고 운영한 국가 시스템 중에서 진보·좌파가 문제 삼는 것만 고치거나 제거하면 된다고 생각한 것처럼 보인다. 이런 사고방식이 진보·좌파의 공격이 집중되는 한 블록을 꼬리 자르기 식으로 청산·척결하여, 도덕적으로 거듭나는 퍼포먼스를 즐겨 하도록 만들었다. 그러면서 '몸통'

이나 '정치 기득권'을 지키는 실리도 놓치지 않았다.

다시 말해 1987년 이후 비주류·진보·좌파가 친일, 독재, 고문, 학살 원흉, 과잉 진압, 부정비리 시비[16], 막말 시비를 하면서 한 블록을 공격하면 주류·보수·우파는 공격이 집중되는 지점이자 자신의 경쟁자이기도 한 블록(유신, 5공, 친박, 친이, 찬탄, 반탄, 막말 인사 등)의 등에 칼을 꽂는 배신 정치를 지속해 왔다. 한 마디로 힘 없는 동지나 힘 잃은 구주류의 목을 쳐서 흐르는 피를 얼굴에 발라 변화, 개혁, 품격, 도덕성, 중도 따위를 과시해 왔던 것이다. 그러면서 죽은 동지의 자리에는 슬그머니 자기파를 밀어 넣었다. 이 질긴 악습은 노태우, 김영삼 정권에서 시작되어 최근에는 박근혜 탄핵 동조를 거쳐 5.18 '망언' 의원(김진태·김순례) 중징계와 이종명 의원 출당으로, 4.15 총선 기간에는 '막말' 후보 제명을 통한 보수의 도덕성과 품격 과시로, 그 이후에는 '중도화'라는 미명하에 광화문광장의 투쟁 시민과 절연하는 모습으로, 이명박·박근혜 전 대통령에 대한 사실상 무기징역 선고에 대한 사과 등으로 계속되고 있다. 하지만 문재인정부 탄생에 크게 기여한 자신의 엄청난 과는 사과하지 않는다.

---

16)1988년 6월 27일 4당 합의로 '5.18광주민주화운동진상조사특별위원회'와 '제5공화국에 있어서의 정치권력형 비리조사 특별위원회'(5공비리 특위)를 구성하였다. 1988년 12월 10일 발족한 '5공비리 특별수사부'는 전경환 등 전두환 대통령의 친·인척 10명과 장세동 전 안기부장, 이학봉 전 대통령민정수석비서관 등 모두 47명을 구속하고 29명을 불구속 입건했다. 전두환 전 대통령은 1988년 11월 23일 대국민 사과를 한 후 백담사에 스스로를 유폐하였다.

황교안의 대권 경쟁자 제거 전략에 따른 서울로의 지역구 이동 명령에 반발하여, 탈당 후 지역구 유권자로부터 신임을 받은 무소속 의원인 홍준표, 김태호, 윤상현 의원을 받아들이려 하지 않는다. 주민센터에서 전출입 신고 처리하듯 복당 신청 서류를 냈다는 이유로 권성동 의원만 받아들였다. 국민의힘은 시간이 갈수록 반대 독점의 이익이 점점 커지고 있기에 경쟁자는 최대한 배제하려 한다. 대권, 당권 경쟁자를 배제, 배척하는 작업은 빙산의 일각이다. 수면 아래서는 잠재적 당협위원장 경쟁자, 지자체장 경쟁자, 시도의원 경쟁자는 물론이고, 자기 지지자 아니면 평당원으로 들어오는 것조차 거부한다. 당을 당권파의 사유물로 생각하는 경향이 역력하다. 5.18묘역서 무릎 꿇는 연기는 할 줄 알아도 지지층이 보고 싶어 하는 승리를 위한 화합과 통합 연기는 할 줄 모른다. 김종인의 5.18묘역 퍼포먼스는 더불어민주당 비대위원장으로 취임한 직후(2016. 1. 31)에도 있었다. 이때는 그의 국보위 참여와 전두환-노태우 정권 복무 이력에 대한 개인적 사죄였다. 하지만 2020년 8월 19일 묘역 퍼포먼스는 민주적 합의 절차 없이 비대위원장 독단의 사죄였을 뿐이다. 이는 의도했는지 안 했는지 모르지만 5.18 진상 규명과 명예회복·피해보상을 주도하는 등 호남 민심을 달래기 위한 김영삼, 이명박, 박근혜 정권과 민주자유당, 신한국당, 한나라당, 새누리당의 대화합의 정치를 마치 없었던 일처럼 취급하는 행위가 아닐 수 없다.

민주주의를 무서워하고 기피하는 임명된 엘리트 정당

국민의힘은 민주주의를 무서워하고 기피하는 정당이다. 정치 기득권자의 대권욕, 당권욕, 공천욕에 의해 민주주의가 심각하게 왜곡되어 있다. 정당 역사에 유례를 찾기 힘든 무려 1년짜리 비대위를 만드는 등 전당대회를 한사코 기피한다. 큰 선거 직후에 정당들이 전개하는 당원 배가 운동을 하지도 않고, 할 의사도 없다. 김종인 체제 결정 과정에서 84명의 국회의원 당선인들은 곧 한 배를 탈 19명의 미래한국당 비례 당선자들은 물론 역량 있는 험지 출마 낙선·낙천자들과 지도 체제 문제를 더불어 논의하려 하지 않았다. 이들은 자신의 권한을 정당 민주주의 원리에 따라 원외, 낙천자, 열성 당원 등 다른 구성원들과 나누려 하지 않았다. 당권파는 민주 정당을 사칭하면서 박수와 추대로 과두 지배 체제의 영속화를 꾀한다.

국민의힘은 사실상 임명된 시험(고시) 엘리트 정당이다. 거의가 세금 소득자 출신이다.[17] 국민의힘 지역구 의원 전원은 공천이 곧 당선으로 이어지는 텃밭 출신이다. 출마와 낙선을 반복하거나 소명을 부여잡고 풍찬노숙하면서 정치적으로 성숙해지면서 어렵게

---

17) 미래통합당(국민의힘) 국회의원 지역구 당선자 84명이 중앙선관위에 신고한 자료를 중심으로 분석한 결과 정당인(36명) 공무원(19명) 지방의회(9명) 법조(8명) 언론(5명) 학계(3명) 시민단체(3명) 북한 외교(1명)인데, 이른바 정부미(세금소득자)라고 불리는 인물들이 전체 당선자의 83.5%를 차지한다.(이영풍, 『공감으로 집권하라』, 65쪽, 글통)

의원직을 쟁취한 사람도 거의 없다. 대체로 공관위의 중진 물갈이와 신진 낙점에 힘입어 비교적 손쉽게 당선된 사람들이다. 그렇기에 공천권자의 눈치를 살피는 요령이 몸에 배어 있다. 민주당이나 정의당과 달리 학생운동이나 시민운동으로 성장하고 단련된 사람들이 없으니 잡초 근성보다는 화초 속성이 강하다. 자신이 성실하게 살아온 대가로 얻었다고 생각하는 의원직을 잘 수행해야 한다는 생각은 강하지만, 정치라는 종합예술에 대한 연구·고민이 깊지도 않고, 필요하면 자신의 생명과 재산을 과감하게 내놓겠다는 소명의식과 강단은 더더욱 없다. 하다못해 국민의 눈을 의식하여 감동과 기대를 주는 정치 쇼라도 할 줄 모른다.

인지부조화 정당

국민의힘은 여당 체질과 관료 습성을 벗어 던지지 못하는 인지부조화 정당이다. 민주당은 여당이 되어서도 국정에 책임을 지지 않아도 되는 소수파 야당 체질과 자신들이 주창하는 가치만 중시하는 시민운동 습성을 탈피하지 못하였다. 야당 체질이란 소수파·비주류 의식, 우리만 옳다는 독선과 그에 따른 전투성과 동지애, 박원순과 탁현민이 보여 준 쇼맨십, 국리민복에 반하더라도 열성 지지층의 이해와 요구를 확실히 대변해야 한다는, 한 마디로 내일과 (국민) 전체를 생각하지 않는 사고방식 등이다. 하지만 국민의힘은 야당이 되어서도 국정에 무한 책임을 지는 다수파 여당 체질과 근본적이고 담대한 개혁보다 소소한 행정 효율 개선을 중시하는 관료 습성을 탈피하지 못하였다. 수많은 덕목 중에서 말의 품격을 특별히 중시하고, 광장 세력과 연대하는 것을 매우 거북해 한다. 민주당은 비주류·소수파에서 주류·다수파로 되었어도 인지부조화로 인해 같은 편(사람) 귀한 줄은 알지만, 국민의힘은 다수파에서 소수파로 되었는데도 인지부조화로 인해 같은 편(사람) 귀한 줄을 모른다. 민주당이 집중 공격하는 사람과 집단을 잘라내고 또 잘라내도 여전히 다수파 대오는 유지되는 줄 안다. 이런 자해적 칼질을 끊임없이 자행하는 보수우파의 인적 청산 내지 도덕성과 품격에 대중이 감동하리라 생각한다. 오로지 당내 헤게모니만 틀어쥐고 있으면 자신의 밝은 미래가 보장되리라 생각한다.

민주당 2중대 정당

국민의힘은 민주당 2중대 정당이다. 김종인은 기본적으로 보수·자유·우파 가치와 정신에 대한 최소한의 이해와 존중이 없다. 김종인 식 중도 노선은 자칭 민주·진보에 이념적, 정책적, 도덕적으로 주눅이 들어 이들의 역사 인식, 가치, 정책을 허겁지겁 추수·추종하는 노선에 불과하다. 세상을 '극좌-좌-중도-우-극우'

라는 프레임으로 재단한 후 자신이 규정한 극우나 아스팔트 우파 때리기 또는 거리두기를 통해 중도적 정체성을 과시하려는 배신 노선이자, 보수·자유 가치와 박근혜와 광화문광장 투쟁 시민들에게 침을 뱉고 달아나는 도주 노선이다. 그러면서도 보수우파의 지지를 구하는 좌고우면 기회주의 노선이다. 보수 경쟁 정당 위축에 편승하여 반사이익 독점을 노리는 얌체 노선이기도 하다. 김종인 노선의 본질이자 종착지는 짝퉁 민주당이다. 그러니 국민의힘에 대한 비호감을 좀체 낮출 수가 없다. 문 정권과 민주당의 폭정과 실정으로 인해 반사이익이 홍수처럼 밀려온다 하더라도 선거 막판에 원조 집인 민주당의 변신쇼(신장개업)에 속절없이 당하기 십상이다.

김종인 하나만 문제인가

김종인 비대위원장은 보수·우파 정당의 수장이 되기에는 너무나 많은 문제를 가지고 있다. 미래통합당 총괄선대위원장으로서 선거 참패에 대한 책임도 크다. 도의적 책임이 아니라 무리하게 후보 제명을 밀어붙여, 선거 막판에 프레임을 정권 심판에서 막말 심판으로 돌렸기에 실질적인 책임도 크다. 그 외에도 학자로서의 나태와 부실함, 박근혜 정권 타격과 문재인 정권 탄생 기여, 주제 넘은 야심(2017년 대선 출마 선언 등), 성찰과 반성의 부재, 낡은 현실 인식에 입각한 진보 추종하기 식의 중도 노선, 보수·우파의 이념적·도덕적 자부심의 부재, 당 위신 실추, 언론의 관심을 자신의 입에 집중시킨 심대한 해당 행위, 비민주적이고 독선적인 행보 등을 망라한다. 그런데 김종인 비대위원장만 문제가 아니다. 김종인을 최소 1년짜리 비대위원장으로 추대해 놓고, 그의 전횡에 대해 비판도 제대로 하지 못하는 중진 의원과 다수 초선 의원의 안목과 멘탈도 여간 심각한 문제가 아니다.

그런데 국민의힘의 치명적인 문제를 잘 알고 있는 자유, 보수, 우파, 애국 시민들과 군소 정당들 역시 그 한계와 오류를 극복하기가 쉽지 않다. 1987년 이후 30여 년의 역사와 박근혜 탄핵 사태, 그리고 4.15총선 참패와 김종인 비대위의 교훈으로부터 제대로 배우지 못하였기 때문이다. 게다가 국민의힘과 범 보수 정치세력의 문제 뒤에는 헌법, 선거법, 정당법, 정치자금법 등 정치 관계법의 문제가 도사리고 있다. 그 뒤에는 1987체제와 권력의 실질적인 주인으로 등장한 대중의 정신문화와 사상이념 문제가 있다. 이렇듯 대한민국 자유, 보수, 우파를 대변하는 정당이 대중적 매력이 넘치는 정당으로 나아가는 데 넘어야 할 산과 건너야 할 강이 너무나 많다. 바로 그래서 기본과 원칙이 바로선 새로운 보수 정당이 필요한 것이다.

새로운 보수 자유 우파 정당은 혼이 살아 있는 정당이어야 한다. 숙성된 국가 비전과 문제 해결 능력이 있는 정당이어야 한다.

당면 모순부조리에 눈을 감지 않고 치열하게 투쟁하는 정당이어야 한다. 실물, 실천, 실질, 실력을 중시하는 정당이어야 한다. 당원에 대한 꾸준한 교육과 당원의 일상 활동이 있는 정당이어야 한다. 디지털 기술을 충분히 활용하는 정당이자, 당원 주권이 관철되는 정당이어야 한다. 당원의 권리와 의무가 일치하고, 당직의 권한과 책임이 일치하는 정당이어야 한다. 이 당이 바로 자유대연합당이다.

국민의힘으로도 안 되지만 그렇다고 국민의힘을 빼놓고 될 리가 없다. 혼, 비전, 조직, 민주주의, 일상 활동이 바로 선 새로운 정당이 야권의 패권을 놓고 국민의힘과 대등하게 경쟁하고, 더 나아가 대체할 수 있을 정도가 되어야 한다. 그래야 문 정권과 수구 좌파에 환멸을 느끼면서도 여전히 보수·자유·우파 지지를 망설이는 시민들을 설득할 수 있고, 문 정권을 반대하는 모든 건강한 변화와 개혁 에너지를 결집시킬 수 있다.

자유, 보수, 우파, 애국 시민들의 국민의힘 당원 가입이나 당원과 당협위원장들의 당내 개혁 투쟁(조기 전당대회 개최 등)도 필요하다. 당 안팎의 유력한 대선 주자를 발굴, 검증, 훈련시켜 힘을 몰아주는 것도 필요하다. 하지만 문제가 너무나 심각하고, 뿌리가 깊기에 고결한 혼과 숙성된 비전을 공유하는 사람들의 정치 결사의 확대 강화가 모든 일의 기본이 되어야 한다.

4장 보수판 백만민란 운동은 가능한가?

국민의힘 개혁을 위해 자유보수판 '백만민란운동'이 일각에서 제기되었다. 백만민란(백만송이 국민의명령)은 2010년 6월 26일 2,30대 네티즌 중심 첫 제안자 모임, 8월 27일 공개 활동(홈페이지 개설하여 회원 가입 받음)을 시작하여 2010년 11월 13일 2만 회원 돌파 기념 전국 단위 첫 행사를 동학 유적지 우금치에서 개최하고, 2011년 4월 3일 10만 회원 기념 4.3정당올레, 2011년 9월 6일 '혁신과 통합(혁통)' 출범식[18]을 거쳐 그 해 12월 7일 시민통합당을 창당하여[19] 12월 16일 민주통합당(민주당+시민통합당+한국노총) 창당=합당의 3축 중의 하나가 되었다. 2012년 초 당세가 5~10만 수준이던 민주당은 손학규 대표가 통합에 전향적으로 응하면서 문재인, 이해찬 등 친노 명망가와 백만민란, 한국노총, 시민단체 활동가들이 대거 합류하여 민주통합당이 되었다. 임시 공동대표는 원혜영과 이용선이 맡았다. 이후 2012년 1월 9일부터 13일 사이 시민 53만 894명이 참여한 모바일·지역 현장 투표

---

18) 이 자리에는 문재인, 이해찬, 한명숙, 김두관, 문성근, 김기식, 남윤인순, 조국 등이 참석하고 민주당 손학규 대표와 국민참여당 유시민 대표가 축사를 하였다.

19) 상임대표는 김두관(당시 경상남도지사), 남윤인순(내가꿈꾸는나라 공동준비위원장), 문성근(국민의명령 대표), 문재인(노무현재단 이사장), 이용선(전 시민사회단체연대회의 공동대표, 법적 대표), 이해찬(시민주권 상임대표) 이었다.

와 일주일 뒤인 15일 대의원 투표를 통해 한명숙이 24.05%(25만 2,986표) 얻어 당대표로, 문성근은 16.68%로 2위, 박영선은 15.74%로 3위, 박지원은 11.97%로 4위, 이인영은 9.99%로 5위, 김부겸은 8.09%로 6위로 최고위원에 당선되었다. 민주당은 2015년 12월 안철수의 탈당을 계기로 2016년 초에 또다시 대거 입당 러시가 있었다. 이로 인해 더불어민주당은 이른바 '대깨문' 세력에 의해 당이 완전히 장악되었다. 물론 이들의 성공 스토리는 민주당과 대한민국 정치의 실패, 퇴행 스토리이다.

백만민란의 기치는 '제3지대에서 모두 만나 백지 상태에서 새 그림을 그리는 야권 단일 정당을 건설하자'면서, 그 조직적 틀을 백만민란이 만들 테니 민주당, 국민참여당, 진보신당, 민주노동당이 합류하라는 것이었다. 그러면서 '당원에 기초한 민주주의 정당이 새로 만들어지면 그 정당에 가입하겠다'고 미리 약속하는 일종의 '서약 당원을 100만 명까지 모으겠다'고 하였다. 1만 명이 모이면 새 정당의 공개적 발기 대회를 열겠다고 하였다. 100만 명은 2002년 민주당 국민 참여 경선 때 노사모 회원 7천여 명이 70만 명의 선거인단을 모았고, 대선 직후엔 노사모 회원만 최고 9만여 명까지 늘었다면서, 1만 명을 먼저 모으고 이를 발판으로 100만 명까지 넓힐 수 있다고 공언했다.

정강·정책은 세밀하게 밝히면 '다름'을 찾자는 것이기에, '(단일 정당의) 큰 방향을 잡고, 세부 내용은 그 안에서 논의하자'고 하였다. 함께 못할 이유를 들자면 수만 가지이지만 모여야 하는 이유는 한 가지(2012년 민주 진보 정권 수립)라고 하였다. 그리고 자유·정의·복지·생태·평화 등 큰 흐름(강령적 기조)은 이미 합의가 끝났다고 하였다.

백만민란의 기치는 거칠게 말하면 '뭉치자 싸우자 이기자'였고, 본질은 민주당 밖에 있던 친노(문재인, 이해찬과 노사모) 세력의 민주당 복귀 전략이자 시민단체 리더(김기식, 남윤인순, 이용선)들의 민주당 합류 전략이었다고 할 수 있다. 이 과정에서 민주당의 당원 구성이 크게 바뀌면서 문재인이 손쉽게 대권 후보가 되었고(손학규, 김두관, 정세균 등과 겨루어 전국 순회 경선 13회 전승), 2015년 2월 8일 전당대회를 통해 당권을 장악하였다.

백만민란운동이 벌어지던 2010년 전후한 시점에 민주노동당, 국민참여당, 민주당, 노조, 시민단체 등을 포괄하는 범민주 진보 진영은 가치와 정책에 관한 한 큰 틀에서 합의가 되어 있었다. 아니, 그렇게 생각했다. 참여연대나 민변이 교수, 변호사, 활동가들의 제안을 모아 집대성한 수십 수백 개의 개혁 과제는 상호 모순적인 것(합성의 오류가 발생할 것)이 수두룩했지만 문제 제기도 토론도 없었다. 당시 범민주 진보 진영은 노무현정부의 실패와 좌절을 진보(좌파)적 가치와 정책을 세게 밀고 나가지 못한 것, 즉 열성(좌편향) 지지층의 이해와 요구를 철저히 대변하지 못한 것에서 찾았다. 당시 미국, 영국, 독일의 '제3의길' 내지 '신중도' 노선의 한국 버전을 고민하던 노무현의 고민과는 아주 동떨어져 있었다. 문재인정부의 폭정과 실정은 이런 저열하고 빈약한 성찰과 반성에서 연유한다고 해도 과언이 아니다.

자유보수판 백만민란운동도 전혀 불가능한 것은 아니다. 10~20만 명의 자유 연합 시민에 대한 교육 훈련을 거쳐 국민의힘의 책임당원화 할 수만 있다면, 다시 말해 기존 당권파가 이들의 입당을 막지 않고 정치 도의에 따라 의무에 상응하는 권리(투표권) 행사를 허용하고 전당대회를 개최한다면, 당의 저변을 비롯한 조직 문화와 리더십을 크게 바꿀 수 있다. 하지만 김종인과 국민의힘 당권파가 당을 개방할 가능성은 희박하다.

백만민란과 동일한 방식은 가능하지도 바람직하지도 않다. 국민의힘에 비판적인 자유, 보수, 우파, 애국 시민들도 제대로 준비되어 있지 않기 때문이다. 지금 상태라면 자유보수판 백만민란의 성공 스토리가 대한민국 정치의 또 한 번의 실패, 퇴행 스토리가 될 수도 있다. 게다가 행여 특정한 종교 세력이나 태극기, 성조기, 박근혜 사진이 상징하는 편향된 이념 세력이 당을 접수하려 들면 국민의힘 의원들과 당협위원장들은 지지자들에게 궐기를 호소할 수 있다. 1개 당협당 5,000명 만 호응해도 200개 당협에서 100만 명을 동원할 수 있다. 물론 너무나 손쉬운 당헌 당규 개정으로 10~20만 명의 신규 당원들의 권리(투표권)를 박탈하는 것도 얼마든지 가능하다.

자유, 보수판 '백만민란' 운동도 이론적으로 가능은 하지만, 과거 '백만민란'처럼 시대착오적 이념과 비이성적 증오심에 기반한 정치적 대중운동은 안된다. 지킬 것은 지키고 기릴 것은 기리는 (지지기기) 진짜 보수의 혼이 살아 숨쉬고 보편 지성과 양심을 받아 안은 미션, 비전, 정책을 공유하는 정치적 대중운동이 필요하다. 이 운동의 정수는 좋은 정당과 좋은 정치인을 만들어 내는 것이다. 국민의힘 기존 당원과 지지층이 마음으로 지지하고 호응할 수 있도록, 종교나 이념이나 이익에 편향되지 않는 그야말로 건강한 시민들의 결사와 학습, 토론, 투쟁을 통해 새로운 이념 정책으로 무장해야 한다. 국민의힘 밖의 자유대연합당과 자유, 보수, 우파, 애국 시민들의 혁신 에너지와 국민의힘 안의 혁신 에너지의 공조, 즉 줄탁동기啐啄同機가 필요하다. 국민의힘 내부의 혁신 에너지는 당 밖의 혁신 에너지가 강해야 강해진다. 한 마디로 자유대연합당이 위력적인 정당으로 우뚝 서야 제대로 된 정치 혁신과 통합도, 2022년 대선과 지선 승리도 가능하다.

5장 위대한 정당 없이 위대한 정치 지도자 없다

정치 리더십의 수준이 점점 저열해지고 있다. 일시적, 우연적인 문제가 아니라 구조적, 필연적인 문제이다. 인삼 농사와 비슷하다. 한 번 인삼을 재배한 밭에서는 특별한 시비施肥를 하지 않는 한 30년 동안은 인삼 농사가 안 된다고 한다. 인삼이 크는 과정에서 땅이 함유한 필수적인 영양소를 다 빨아먹기 때문인데 지력을 회복하려면 30년이 걸린다는 것이다. 그러니 인삼 농사를 지으려면 지력이 고갈되지 않은 새로운 밭을 찾아야 한다. 정치 리더십이라는 인삼이 자라날 새로운 밭은 기본과 원칙이 바로 선 정당이다. 올바른 사상과 이념(가치관, 역사관, 세계관), 숙성된 국가 비전과 정책, 튼실한 조직과 재정 등이 갖춰진 정당이 그것이다.

건국, 산업화, 민주화를 주도한 정치 리더십을 키워 낸 밭은 제대로 된 정당이 아니라 망국, 혁명, 전쟁, 건국으로 점철된 독특한 시대였다. 이승만, 박정희, 전두환, 노태우, 김영삼, 김대중은 망국(베트남, 조선, 청조, 월남)-혁명(일본, 러시아, 중국 혁명)-전쟁(스페인내전, 2차대전, 국공내전, 건국전쟁, 베트남전 등)-대변혁의 시대를 살았다고 해도 과언이 아니다. 이 거대한 역사적 사건의 당사자이거나, 적어도 강하게 의식하면서 살았다. 국가의 자주 자립, 부국강병, 반공과 한미동맹, 산업 진흥과 산업 보국 등은 굳이 교육

하지 않아도 국민의 골수에 깊숙이 스며든 가치였다. 군인, 상인, 혁명가, 창업자, 경영자, 기술자 특유의 정신문화, 즉 실력주의, 실물 중시, 실용주의, 실사구시, 결단력과 추진력 중시 정신문화가 저변에 두텁게 깔려 있었다.

그 시대는 국가와 민족과 개인의 명운이 정치 리더십의 선택과 결단에 의해 확연히 갈라지는 시대였다. 이런 정신문화를 바탕으로 박정희, 전두환, 노태우는 생사를 건 쿠데타를 감행했고, 김대중과 김영삼 역시 생사를 걸고 민주화운동을 했다. 험난한 역사가 정치 지도자의 안목을 틔웠고(국제 감각), 국가와 정치와 인생에 대한 근본적인 고민을 심화시켰다. 이 과정에서 정치 지도자가 발굴되고, 단련되고, 검증되었다. 법, 제도, 정책은 유럽, 미국, 일본 등으로부터 수입하여 약간만 고치면 쓸 수 있었다. 요컨대 망국-혁명-전쟁-부국-생사를 건 투쟁의 시대가 정치 지도자를 만들어 대한민국에 던져 준 것이다.

이런 시대가 끝나면 선진국들처럼 사상이념을 숙성시키고, 정치 제도와 정당 시스템을 정비하여 정치 지도자를 발굴, 단련, 검증, 교육하면서 성장시켜야 했는데 한국은 이를 건너뛰었다. 국가에 집중된 무소불위 권력을 그대로 두고, 다시 말해 사적 자치와 지방자치를 확대 강화하지 않고, 또 승자 독식 및 양당·양강의 정치 독과점 구조와 중우 정치가 발호하기 쉬운 구조를 그대로 두고, 전혀 정치적 훈련이 안 된 명망가를 수입하여 당권이나 대권 후보로 만드는 쪽으로 내달렸다. 그 대표적인 인물이 이회창이었다. 실은 노무현, 이명박, 박근혜도 다르지 않았다. 황교안, 안철수, 이재명 등도 그런 인물 중의 하나이다.

유력 정당들이 기본과 원칙을 결여하면서 – 정당의 가치와 이념이 모호하고, 여기에 동의하는 정상적인 당원은 과소하고, 당원 주권과 거리가 먼 과두 지배 체제 등 – 다선 의원이라 할지라도 정치 지도자로서 제대로 성장하지 못하였다. 한국은 특히 정치 생태계의 피폐함과 조선적 습속으로 인해 시험 귀족인 판사, 검사, 변호사와 고위 관료 출신의 정당 지배력이 높아져 갔다. 반대로 군인, 상인, 혁명가, 창업자, 경영자, 기술자들이 체화한 안목과 문화는 퇴조해 갔다.

요컨대 혁명이든 민주화 투쟁이든 자신의 생명과 재산, 가족과 인생 같은 소중한 것을 걸지 않고도, 또 국가의 흥망과 정치의 본령 등에 대해 깊은 고민을 하지 않고도, 하다 못해 안철수 문국현 박원순처럼 자기 분야에서 나름의 성과를 내지 않고도, 단지 대중 매체를 통해 높은 인지도와 좋은 이미지를 구축한 명망만 있는 스타가 유력한 대권, 당권 주자가 되었다. 86세대 정치 스타들과 문재인, 이재명 등이 그런 부류라고 할 수 있다. 별다른 검증, 숙성 과정을 거치지 않은 100미터 미남미녀가 정치 스타로 치켜지면서 정치는 점점 더 저열해져 갔다. 이대로 가면 그 저열함을 더욱 가속될 가능성이 높다.

그런 점에서 조선 초기 왕들(태조, 태종, 세종, 세조, 성종)과 사대부들의 정신문화와 조선 말기 왕(철종, 고종, 순종)들과 사대부들의 정신문화가 뚜렷이 대비되는 차이가 재연되었다고 해도 과언이 아니다. 이는 외침도, 쿠데타도, 민중 반란도 걱정할 필요가 없는 조건에서 궁중 지배(외척) 세력에 의해 아무런 검증, 숙성 과정을 거치지 않은 왕과 사대부들이 권력을 휘두르면서 생긴 문제와 거의 같은 문제가 재연된 것이다. 조선 왕과 정치 리더십의 퇴행은 대한민국 대통령과 정치 리더십의 퇴행과 그 본질과 구조가 비슷하다. 권력 집단의 눈이 외부를 향해 열리지도 않고, 권력이 정치의 소명을 향하지도 않고, 오직 권력 그 자체를 목적으로 했다는 점이다. 이제 강건한 혼과 숙성된 국가 비전(사상이념)과 준비된 정치인들로 구성된 정당의 뒷받침 없이 치명적인 위기가 쓰나미처럼 몰려오는 대한민국을 제대로 끌어갈 수가 없다.

-끝-